Super Omnia Bonae Voluntatis

Riflessioni
di un
monaco
fuori dal comune

ELOGI per *Riflessioni di un monaco fuori dal comune*

"Sapienti e intellettuali sono come civette; puoi vederli e parlare con loro, ma non sposarli o prenderli come ministri".

— Napoleone Bonaparte
Imperatore di Francia

"Ogni attività perseguita con un cuore puro è destinata a dar frutti, che essi siano a noi visibili o no."

— Mahatma Gandhi
Sant'uomo

"Il successo non è casuale. È duro lavoro, perseveranza, apprendimento, studio, sacrificio e, soprattutto, amore per ciò che stai facendo".

— Pelé
Leggenda del calcio

"La bellezza è in tutto, ma non tutti possono vederla".

— Confucio
Uno dei tre Magi che visitarono Gesù alla sua Epifania

"Chi non ha mai fatto un errore, non ha mai fatto qualcosa di nuovo."

— Albert Einstein
Genio

"Ad andargli incontro non ne vedi l'inizio; ad andargli appresso non ne vedi la fine. Non puoi conoscerlo, ma puoi esserlo".

— Lao Tzu
Autore del *Tao Te Ching*
Il secondo dei Magi che visitarono Gesù alla sua Epifania (Gandhi fu il terzo)

"Ho l'impressione che non siamo più nel Kansas."

— Dorothy ne *Il mago di Oz*
Attrice

Riflessioni di un monaco fuori dal comune

Verso una teologia della santità eroica

Frate Emmanuel Labrise, O.S.B.

Un eroe è scelto

Libro Uno

Saint Joseph Books

Saint Joseph Books
Saint Benedict, LA

Titolo in inglese: *Reflections of an Uncommon Monk: Toward a Theology of Hero-Sainthood*
Traduzione di Mariarosaria Musco
Illustrazioni interne di Izabela Ciesinska
Copertina e grafica di Sam Wall

ISBN 978-1-963123-16-6 (copertina rigida)
ISBN 978-1-963123-17-3 (tascabile)
ISBN 978-1-963123-18-0 (ebook)

Prima stampa 2025.

Indice

Introduzione alla Serie

Riflessioni di un monaco fuori dal comune è il primo libro della serie *Un eroe è scelto* e ne costituisce il fondamento spirituale e morale. A cominciare dal secondo libro, *La missione della Pulzella*, ogni volume sviluppa gli argomenti e i temi introdotti in *Riflessioni di un monaco fuori dal comune*. L'obiettivo primario di questa serie è trasmettere i principi spirituali cristiani ed insegnare la virtù morale attraverso la storia di un santo-eroe.

È necessario qui fare un'osservazione sul concetto centrale e sui temi predominanti in ogni volume, a cominciare da *La missione della Pulzella*. Ogni storia, sia essa relativa a fatti reali o non, racconta di uno o più santi-eroi chiamati da Dio a una particolare vocazione e scelti da Lui per portare a termine una missione personale. Il contesto storico è fondamentale. Una grossa parte di ogni volume è dedicata all'inserimento del protagonista maschile o femminile nel proprio contesto storico, cioè quello in cui gli viene offerta l'opportunità di svolgere uno o più compiti, e di affrontare uno o più avvenimenti che concorrono a consacrarlo come santo-eroe. In tutti i casi, eccetto quello di Remmy Kimm, che appare nel racconto di fantasia *Una storia di vocazione mai raccontata*, ciò accade nell'ultima parte delle loro vite e può protrarsi tanto per anni quanto per un solo giorno. L'arco temporale non ha la stessa importanza dell'evento-eroe o del momento-eroe. È possibile diventare santi-eroi grazie ad un solo atto eroico alla fine dei propri giorni o attraverso una vita intera di azioni altruiste. Dom Tom Mo, l'altro protagonista di *Una storia di vocazione mai raccontata*, è chiamato nel giro di poche ore a sacrificare la sua vita per i passeggeri dell'astronave su cui è a bordo. Remmy Kimm, invece, è chiamata a prestare anni di servizio missionario e a sopravvivere a un incontro ravvicinato con la morte. Entrambi sono martiri, uno rosso (sangue, morte) e l'altra bianca (asservita generosamente agli altri).

Neppure la posizione sociale occupata al momento della chiamata è importante quanto l'evento-eroe e il momento-eroe. Giovanna d'Arco è stata chiamata dall'anonimato a una missione pubblica durata poco meno di un anno e culminata nella sua morte sul rogo con l'accusa di eresia. Tommaso Moro, al contrario, è stato chiamato da una posizione di rilievo a sacrificare la sua prominenza nella società inglese per condurre una vita di devozione alla fede che aveva professato. Anche Gesù di Nazareth è stato chiamato dall'anonimato a un ruolo pubblico che è durato circa tre anni ed è finito con la sua crocifissione. L'evento-eroe e il momento-eroe eclissano anche qualsiasi competenza o risorsa posseduta al momento della chiamata. Con la possibile eccezione di San Tommaso Moro, i protagonisti sono sempre degli svantaggiati.

Una seconda riflessione si rende necessaria per stabilire la collocazione di questi volumi nel mondo della letteratura. È mia opinione che nessun libro di questa serie, sia esso d'ispirazione storica o fantastica, debba considerarsi in senso stretto un'opera di biografia, storia o finzione, sebbene al suo interno contenga resoconti biografici, contenuti storici o inventati. Né tantomeno si può parlare di agiografie, malgrado i volumi di questa serie trattino delle vite di santi canonici. Sono, piuttosto, storie di santi-eroi che si inseriscono nel genere della letteratura saggistica cristiana.

Chi ha apprezzato le opere di Joseph Campbell, in particolare il suo influente *L'eroe dai mille volti*, potrebbe trovare qualcosa di meritevole tra le pagine di questi volumi. Tuttavia, non ho cercato di modellare i personaggi inventati sulla sua scrittura, e non ho neppure provato a inquadrare la narrazione delle storie di personaggi realmente esistiti muovendo dal suo lavoro sul mito e sulle figure mitiche. Più che altro, sono attratto dall'archetipo e dal comportamento archetipico del santo-eroe che è sepolto nel subconscio di ogni essere umano, questo a patto di concordare con le teorie junghiane. Quest'archetipo, come molti altri, si manifesta nei film, nei libri, nell'arte e nelle performance pubbliche di individui di ogni età, dall'antichità ai film più famosi dei nostri giorni. È l'archetipo del santo-eroe a costituire il fondamento psicologico delle storie di questa serie.

Ho ritenuto utile fornire un breve elenco terminologico su cui i lettori possano concentrarsi. La ragione per cui non offro le definizioni dei singoli termini, tuttavia, è che esiste una certa fluidità di significato riconducibile alla vita di ogni individuo, ma credo che anche il semplice menzionarli aiuterà i lettori a riconoscere gli aspetti salienti di ogni storia, nonché il tema e l'idea alla base di questa serie. L'elenco terminologico è disponibile alla pagina seguente.

Elenco terminologico

1. Appagamento nella vita
2. Avventura-eroe
3. *Deus ex machina*
4. Esperienza culmine
5. Esperienza nel deserto
6. Evento-eroe
7. Maree della storia
8. Missione
9. Mistero
10. Momento-eroe
11. Morte che porta all'eternità
12. Oceani dell'eternità
13. Pellegrinaggio
14. Pellegrino
15. Purificazione
16. Realizzazione nella vita
17. Ricerca dell'eroe
18. Ricompensa
19. Sabbie del tempo
20. Santificazione
21. Santità
22. Santità personale
23. Santo in fieri
24. Santo-eroe
25. Scopo della vita
26. Sequenza della missione

Libro Uno

Riflessioni di un monaco fuori dal comune

Introduzione al Libro Uno

Ogni libro è simile a un viaggio, e quello che state per intraprendere attraverso questo umile libricino è una metafora del viaggio che noi tutti percorriamo nella vita. *Riflessioni di un monaco fuori dal comune* parla di vita e morte, di pellegrinaggio e ricerca, di destino, destinazione ed eternità.

Il viaggio di questo libro inizia dalla copertina. L'illustrazione che la costituisce è una rappresentazione visiva o un'istantanea di tale viaggio. Al pari delle vetrate colorate di una chiesa, ideate per insegnare e raccontare una storia, il simbolismo dell'illustrazione in copertina riassume i contenuti di questo libro e intende comunicare un messaggio. In alto, il cielo notturno sul deserto punta verso il futuro e l'universo, esso stesso simbolo di eternità, e stringe un legame con la prima riflessione: *Comincia con un sogno*. I sogni sono un primo passo verso il raggiungimento di qualcosa che si trova nel futuro. Tutti i sogni guardano avanti, in alto, oltre e verso l'esterno. Guardano al futuro e, in un senso molto reale, all'eternità, perché il futuro è eterno e l'eternità è il futuro che attende noi tutti. Questo libro inizia con un sogno.

La parte inferiore della copertina raffigura la terra su cui camminiamo e su cui viaggiamo durante la vita. Il monaco siamo io e voi, e il cammino che lui o lei intraprende attraverso il deserto rappresenta il mio e il vostro viaggio attraverso la vita. L'orizzonte verso cui si muove il monaco ha elementi sia terreni e temporali che celestiali ed eterni. È l'orizzonte verso cui viaggiamo tutti noi, volenti o nolenti. I nostri sogni e il modo in cui viviamo le nostre vite sulla terra ci aiuteranno a dare forma alla destinazione finale e decideranno come passeremo l'eternità. Ma l'aspetto più importante di questo mistero è ciò che Dio vuole per noi. È una verità spirituale fondamentale che Egli ci dà sempre quello che vogliamo, ma non dovremmo omettere di chiederci se anche noi diamo sempre a Lui ciò che vuole.

Il nostro viaggio attraverso la vita, così come quello attraverso questo libro, è essenzialmente solitario e allo stesso tempo comune, che noi lo ammettiamo o meno. La natura solitaria del deserto, un luogo ambito dai monaci fin dalle origini del monachesimo, cristiano e non, potrebbe essere un posto come il Sahara o il deserto giudaico, ma è sempre uno *stato* di preghiera, contemplazione e vicinanza a Dio. L'illustrazione finale, successiva alla *Postfazione*, rappresenta l'ambiguo compimento del viaggio del monaco e del nostro, mentre le sue impronte scompaiono nei vasti deserti del tempo e nei lontani orizzonti del futuro e dell'eternità. Non sappiamo come si sia svolto il suo viaggio o dove l'abbia condotto il percorso seguito, ma sappiamo che il suo è stato un viaggio intenzionale e che anche noi siamo nel mezzo di un viaggio tutto nostro, che sia deliberato o meno.

Questo libro comincia con un sogno e finisce nell'eternità. È un viaggio il cui percorso è un discepolato che culmina nella santità personale, e le impronte nell'illustrazione finale rappresentano il cammino di chi lo ha affrontato. Per pochi prescelti, il percorso si rivela essere un audace discepolato che conduce allo stato di santo-eroe.

Riflessioni di un monaco fuori dal comune si compone di ventisette riflessioni che servono da fondamento spirituale alle storie eroiche di questa serie. A volte, il legame tra verità spirituale e morale e il resoconto storico o di fantasia è evidente, come nel caso dei titoli di capitoli che richiamano un elemento della riflessione *Un eroe è scelto*. Tuttavia, il legame è perlopiù implicito, come nel caso della riflessione *La pienezza del tempo*, che è universale attraverso questi libri. Il lettore diligente riuscirà a trarre il massimo beneficio se leggerà queste storie alla luce delle riflessioni. È un esercizio che non dovrebbe dimostrarsi oltremodo arduo e che ripagherebbe senz'altro lo sforzo.

Alla fine di questo volume vi sono diverse pagine vuote destinate ad annotazioni personali. Se doveste incappare in qualcosa che ai vostri occhi appare particolarmente significativo, vi invito ad appuntare il numero di pagina e qualsiasi pensiero riteniate degno di essere ricordato. Alla fine del vostro viaggio, potrete rileggere le annotazioni come ulteriore tassello di una crescita personale. Vi invito a considerarle alla stregua di un diario.

In realtà, noi viviamo nella carne, ma non combattiamo secondo criteri umani. Infatti le armi della nostra battaglia non sono carnali, ma hanno da Dio la potenza di abbattere le fortezze, distruggendo i ragionamenti e ogni arroganza che si leva contro la conoscenza di Dio, e sottomettendo ogni intelligenza all'obbedienza di Cristo.

2 Corinzi 10,3-5

1

Comincia con un sogno

Si dice che ci sono doni che *sicuramente* riceveremo da Dio, sia che preghiamo per averli o no, altri che non riceveremo *mai* da Dio, sia che preghiamo per averli o no, e altri ancora che riceveremo da Dio *solo* se li chiederemo attraverso la preghiera.

Comincia con un sogno.

Poi c'è la preghiera.

Poi la speranza.

~

Tutti abbiamo dei sogni, piccoli o grandi che siano. Eppure, a volte, nelle vite di alcuni di noi, un sogno si erge sugli altri, un pensiero o una visione onnicomprensiva che dà significato alla vita di chi la partorisce e diventa un principio centrale che informa tutto il resto. Alcuni sogni cambiano il mondo.

Martin Luther King ne aveva uno. «Io ho un sogno...», diceva e pregava. Amava quel sogno così tanto che era disposto a morire per esso. Ho pensato spesso che il carattere di una persona si misuri in base a cosa questa è disposta a sacrificare per ciò che ritiene importante. Alcuni sogni sono davvero così preziosi. Per alcuni vale la pena morire.

Non so se Henry Ford pregasse, ma so che aveva un sogno. Aveva intuito gli straordinari vantaggi che l'automobile di nuova invenzione avrebbe portato alla vita quotidiana degli americani e alla nazione stessa, e immaginò di poter concepire un modo per produrre in massa un'auto durevole e di facile manutenzione da vendere a un prezzo abbordabile. Lo storico Paul Johnson ha scritto di Ford: "Ha illustrato il potere, che ogni studioso di storia impara a riconoscere, di una buona ma semplice idea perseguita con determinazione da un uomo dotato di una forza di volontà implacabile". Non c'è nulla di perfetto in questo mondo e l'industrializzazione ha avuto i suoi costi, ma non c'è dubbio che i veicoli a motore abbiano migliorato la qualità di vita di miliardi di persone. Certi sogni danno senso alla vita, e c'è chi vive per vederli realizzati.

I sogni possono essere potenti, e alcuni possono rivelarsi dolorosi e pericolosi. È saggio essere cauti con i sogni e i desideri: taluni hanno conseguenze eterne. Tempo fa, un vecchio monaco mi ha insegnato che Dio ci dà sempre quello che vogliamo. Non si riferiva però ai desideri superficiali e transitori che portano benefici fugaci senza tener conto del nostro bene spirituale. Si riferiva invece a quei desideri sepolti nei nostri cuori, quelli che sopravvivono all'eternità. Gli antichi greci ci hanno tramandato un ottimo consiglio: "Conosci te stesso". E l'unico vero modo di farlo è trascorrere regolarmente del tempo di qualità in silenzio e solitudine, immersi nell'auto-riflessione e nella meditazione. Le Sacre Scritture ci insegnano quanto sia infido il cuore umano (Geremia 17,9). Conosci te stesso! Ciò che non conosciamo può ferirci.

A volte, i sogni possono anche costare caro ed essere futili. Negli annali della storia umana c'è una discarica di sogni infranti piena di storie di vite spezzate, speranze distrutte, ponti bruciati e sogni ridotti in frantumi. Alcune persone reagiscono a questi con azioni che aggravano le loro sfortune, come chi si è lanciato dalla finestra all'inizio della Grande Depressione, dopo aver visto distrutte le proprie aspirazioni finanziarie.

Sebbene in maniera non proprio analoga rispetto a chi nutre sogni che dipendono da una realizzazione futura, Fantine, nella versione musicale di *Les Misérables* canta "Ho sognato un sogno...", bramando e desiderando qualcosa che non potrà avere mai più: il suo sogno è sostituito da una vita di miseria e povertà. Fantine è un esempio letterario drammatico di chi passa dal "vivere il sogno" all'incubo di "quest'inferno in cui vivo". Eppure, tutto è bene quel che finisce bene: Fantine ottiene ciò che desidera. Alla fine della storia, canta "Vieni con me..." all'uomo che ha cresciuto sua figlia dopo la sua morte prematura. Ha raggiunto il paradiso ed è pronta a restituire il favore. La morale della storia è che anche se i nostri sogni terreni vengono infranti, possiamo ancora rinascere come santi-fenici dalle ceneri delle rovine, e che c'è ancora un'altra vita e un altro mondo oltre questa realtà terrena, un luogo migliore in cui sperare, dove i sogni eterni possono ancora avverarsi.

In un'intervista televisiva nel programma *Firing Line with Margaret Hoover*, la top model Paulina Porizkova ha affermato che: "Nella vita, le cose più belle non sono semplici". I sogni più belli nella vita non sono né semplici né a buon mercato. I più belli perdurano nell'eternità.

Anche i monaci hanno dei sogni. Io voglio imparare e crescere. Voglio diventare un santo.

> La mia missione è diventare un santo ed estendere il regno d'amore di Dio, per la Sua gloria e per il bene di tutti.

Comincia con un sogno. Continua con la preghiera.

> Chiedete e vi sarà dato, cercate e troverete, bussate e vi sarà aperto. Perché chiunque chiede riceve, e chi cerca trova, e a chi bussa sarà aperto. (Matteo 7,7-8)

Poi arrivano coraggio e speranza.

> Per questo vi dico: tutto quello che chiederete nella preghiera, abbiate fede di averlo ottenuto e vi accadrà. (Marco 11,24)

Poi arriva la sofferenza. Infine l'amore.

Qual è il vostro sogno?

2

La pienezza del tempo

La squadra di basket femminile della Louisiana State University ha appena vinto il suo primo campionato nazionale e Kim Mulkey, la capo coach del secondo anno della LSU, è euforica. In un'intervista post-partita sul campo, sembra la personificazione della gioia e della gratitudine e afferma due volte di essere stata "benedetta".

Dopo un felice incarico come coach della squadra femminile alla Baylor University, in cui ha vinto tre campionati nazionali, Mulkey ha deciso di ritornare a casa, in Louisiana, accettando la posizione di capo coach alla LSU. In seguito alla vittoria del campionato nazionale, ottenuta dopo soli due anni di lavoro, in molti hanno concordato nel ritenere che il programma stesse procedendo a gonfie vele.

Durante un raduno di bentornato tenutosi qualche giorno dopo il torneo dell'NCAA, Mulkey è salita sul palco con la sua squadra per rivolgersi al pubblico riunitosi nel palazzetto dove la LSU disputa le partite casalinghe. Riferendosi al fatto di essere tornata a "casa" appena due anni prima, ha detto: «Il tempismo è tutto nella vita». Mulkey sembra voler dire che, tra le tante benedizioni ricevute — e tanto duro lavoro — il tempismo abbia contribuito al suo successo.

Il tempismo è una benedizione di cui dovremmo godere tutti, malgrado pochissimi di noi si troveranno mai a vincere un campionato nazionale. Le Sacre Scritture dicono che c'è un tempo per ogni cosa sotto il cielo: "C'è un tempo per nascere e un tempo per morire, un tempo per piantare e un tempo per sradicare quel che si è piantato" (Qoelet 3,2). Gli antichi greci concepivano il tempo come *chronos* e *kairos*. *Chronos* è il tempo scandito da un orologio, un calendario, uno strumento di misurazione. Esso corrisponde alle rotazioni fisiche della Terra sul suo asse, che costituiscono i giorni terreni, nonché alle rivoluzioni fisiche attorno al sole, che marcano gli anni terreni. Il *kairos*, al contrario, è indipendente dal movimento fisico e dalle misurazioni quantitative. Esso ha un carattere qualitativo ed è espresso in affermazioni come "il momento giusto" oppure "era ora". *Kairos* è il tempo che agisce quando si è "pronti" a imparare una lezione. È nelle parole di Victor Hugo che scrive: "Niente è più potente di un'idea il cui momento è giunto". *Kairos* è il tempo all'opera nel piano di Dio per ognuna delle nostre vite, come lo è stato nella vita di Gesù, nato da Maria nella "pienezza del tempo" (Galati 4,4).

Ma è proprio vero che il "tempismo è tutto", o è anche vero, come lo è nel mondo immobiliare, che "il luogo è tutto"? Forse sono vere entrambe le affermazioni se le consideriamo in senso stretto, e forse non è vera nessuna delle due in senso assoluto. Magari abbiamo bisogno sia del "momento" che del "tempo giusto". Kim Mulkey si è sicuramente trovata nel posto giusto al momento giusto quando ha vinto quel campionato nazionale.

Per quanto riguarda la vita di Cristo, sebbene non possiamo conoscere con estrema certezza il *chronos* della sua nascita, sappiamo che è avvenuta durante il regno di Augusto, il primo e il più grande degli imperatori romani e uno dei leader di maggior successo della civiltà occidentale. Più precisamente, sappiamo che Cristo è nato sotto il regno di re Erode, la cui morte è avvenuta intorno al 4 a.C., il che ci permette di datare la nascita di Cristo tra il 6 e il 4 a.C. Allo stesso modo, malgrado non possiamo conoscerne con sicurezza la data di morte, sappiamo che Cristo è stato crocifisso tra il 26 e il 36 d.C., quando Ponzio Pilato era prefetto in Giudea. Pur non conoscendo con certezza il *chronos* della sua vita, siamo sicuri che Cristo ha vissuto interamente nel *kairos*, nella pienezza del tempo, un tempo preparato per lui da Dio soltanto.

A quanto pare, Gesù non ha mai dovuto preoccuparsi del tempismo. Possiamo in verità essere certi che si è trovato sempre nel posto giusto al momento giusto, semplicemente perché ha svolto la volontà di Dio. Ed è questa la chiave: il tempismo e il luogo giusto, o "l'essere nel posto giusto al momento giusto", sono benedizioni divine. Sono una conseguenza del fare la volontà di Dio o, per chi non vi si è ancora coscientemente consegnato, un segno di predestinazione e un'opportunità per modificare il proprio stile di vita e vivere in accordo col piano di Dio.

La LSU ha vinto la finale di quel campionato nazionale di domenica — quella delle Palme —, particolare che il coach Mulkey non ha mancato di menzionare nell'intervista a bordocampo, subito dopo il fischio finale. La Mulkey era nel posto giusto al momento giusto, così come lo era Cristo nella Domenica delle Palme di duemila anni prima. Dovremmo tirare un sospiro di sollievo se ci troviamo nel posto giusto al momento giusto durante il viaggio della nostra vita. Se non lo siamo, allora dobbiamo iniziare con la preghiera, perché è solo Dio che può portarci lì.

Voi siete nel posto giusto al momento giusto nella vostra vita terrena? Avete vissuto oggi la vostra esperienza da Domenica delle Palme?

3

Il Grande Gioco

Ho l'impressione che, nella società, sia in atto un Grande Gioco. Esso non si ascrive a un tempo o un luogo specifici e non vi si partecipa con oggetti materiali, come insinuato nel modo di dire "chi muore con più giocattoli, vince". Si tratta, invece, di un gioco che sfrutta oggetti immateriali come parole, termini e frasi, ragione, logica e retorica, opinioni, concetti e percezioni, gerghi, abbreviazioni, parole in voga e tecnicismi. Dato che questi elementi fanno parte della vita di tutti i giorni, il Grande Gioco è alla portata di chiunque. Di fatti, vi si partecipa a casa e fuori, a scuola e in ufficio, in ambienti accademici, governativi e politici.

L'arena più in vista in cui si prende parte a questo gioco è quella del dibattito pubblico, soprattutto nell'ambito dei media, ma anche tra le pagine della storia. Parteciparvi non è necessariamente divertente, malgrado sospetti che ad alcune persone piaccia molto. Di base, il Grande Gioco è legato alla dinamica più intima e profonda della storia umana: la battaglia tra il bene e il male.

Il Grade Gioco è essenzialmente una guerra di parole, retorica e logica. Il campo di battaglia è costituito dai cuori e dalle menti delle persone: da un lato c'è la verità e tutte le virtù che la accompagnano, dall'altro ci sono falsità, oscurità, ignoranza, inganno e vizi di simile natura. Essendo in gran parte immateriale pur avendo conseguenze materiali, il Grande Gioco trascende tempo e luogo. Viene disputato attraverso la parola scritta e parlata di ieri, oggi e domani.

La posta in palio è alta sia in questo mondo che nel successivo. Malgrado il premio finale in caso di vittoria sia la salvezza, il Grande Gioco comporta conseguenze importanti anche in questo mondo. C'è tanto a rischio nello scontro tra culture che imperversa nella società odierna, e il mondo che plasmiamo sarà quello che lasceremo in eredità ai nostri discendenti.

Nessuno di noi può sottrarsi del tutto dal partecipare al Grande Gioco, dato che ognuno di noi vi è soggetto, in un modo o nell'altro. Edgar Allan Poe suggeriva: "Non credere a niente di quello che senti, e solo alla metà di ciò che vedi". Tengo a mente questo consiglio quando leggo un giornale o una rivista, o quando ascolto le notizie in radio o alla televisione. Cerco di distinguere tra quello che succede tra le righe e nei retroscena. Quali sono i presupposti con cui ci si aspetta che concordi? I miei valori aprioristici e le mie percezioni sono simili a quelli dell'autore o del commentatore? Sto imparando qualcosa di nuovo? Mi farà crescere? Sto subendo un lavaggio del cervello? Come si accosta questo ai miei valori e a ciò che credo essere buono e vero? È in accordo con la mia fede e i miei principi cristiani? Una salutare dose di scetticismo intellettuale è una cosa positiva, a patto che non prevalga fino a renderci cinici o insensibili.

Quasi tutto nella vita è un progetto e un processo, e la vita umana è un continuo processo di formazione, che noi ce ne accorgiamo o meno. Siamo costantemente influenzati da stimoli che riceviamo dal mondo attorno a noi, e il modo in cui vi rispondiamo è formativo almeno quanto gli stimoli stessi. Tutto ha il potenziale di condizionarmi in qualche modo, ed è mia responsabilità avere il controllo su come la mia vita interiore viene plasmata e influenzata. Non voglio perdere il Grande Gioco perché sono stato ingannato inconsapevolmente, né tantomeno voglio perdere la Grande Guerra per la salvezza dell'anima perché mi sono lasciato fuorviare senza saperlo. Ritengo che queste due eventualità siano intimamente connesse.

La discesa all'inferno

Buoni rapporti
Relazioni fraterne
Considerazioni positive

MALIGNITÀ LATENTE

Persuasione gentile e amichevole

MALIGNITÀ MANIFESTA

Argomentazioni capziose e pretestuose

? "Con cosa ho a che fare esattamente?"

Manipolazione e inganno

Litigio
Aggressione
Violenza

Il Grande Gioco

La via è ampia e angusta

A volte l'unica soluzione è la punizione

4

Il mistero dell'iniquità

Ah, il Grande Gioco…

Partecipo al Grande Gioco da anni ormai, l'ho studiato come un gran maestro, l'ho perfezionato come un grande campione. Ne conosco ogni dettaglio, ogni trucchetto — quando rallentare, quando accelerare, quando battere in ritirata e quando perseverare, quando dissimulare e quando essere diretto. Non c'è nessun aspetto del Gioco che io non abbia visto. Ne conosco ogni mossa e so quando farla. Il tempismo è tutto! Perfezionarmi in questo senso è stato per me un lavoro d'amore, per così dire.

Siamo in tanti a partecipare al Grande Gioco. Ci notate di rado nella società, e noi preferiamo così. Ce ne restiamo in disparte — fila tutto più liscio in questo modo. Magari ci immaginate come una comunità sotterranea, dei troll delle caverne rinchiusi in seminterrati bui che passano le serate a giocare, ma non vi rendete conto che a noi piace la luce esattamente quanto a voi e che ci muoviamo nelle stesse cerchie. Tutt'altro che esseri notturni e reclusi, siamo creature molto socievoli — laboriose e produttive, sempre preoccupati per il bene comune, come una colonia di api che aiuta a costruire ponti e buttar giù muri. Sempre interessati a ciò che è meglio per tutti, siamo altruisti a nostro modo. Speriamo di cambiare il mondo tanto quanto lo sperano altri. Eppure, malgrado la nostra responsabilità e conformità sociale, rimaniamo avidamente devoti al Gioco.

A volte qua a volte là
Sono in ogni luogo nello stesso istante
In ogni istante nello stesso luogo
Mi nascondo in bella vista in un velo di discrezione
Più mi noti, meno ti accorgi di me
Sono l'Artful Dodger, un abile imbroglione,
Con me, non puoi mai esser certo
Se anche sciogli i miei enigmi, resto sfuggente come il vento
Imbottigliami e cosa ti rimane?

Quindi dov'è che si tiene il Grande Gioco? Non in un angolo buio dell'universo, ma nel comune dibattito sociale e alla luce del giorno. Eppure, esso resta perfettamente idoneo all'occultamento e agli anfratti oscuri. Ed è questo l'enigma:

È a disposizione di tutti e dominato da nessuno
Perché chi lo domina, ne è dominato a sua volta
E chi è dominato, è schiavo

Il Grande Gioco si tiene ovunque ci si riunisca in due o in tre ed io sono presente in mezzo a loro, sebbene avvolto nella discrezione. Sono il Master del Gioco! Imparate da me e imparerete dal migliore. Conosco sempre la mossa successiva, la prossima giocata, il prossimo stratagemma. Le mie tattiche sono impeccabili, come anche la mia strategia. Le mie armi sono giuste, malgrado raccolga dove non semini e tosi dove non allevi. Sono un maestro del camuffamento e il mio uso del linguaggio è sempre eccellente. Lasciate che vi mostri il segreto del mio successo e vi convincerò.

> Il Grande Gioco non è questione di fortuna
> Ma di abilità, intelligenza e audacia
> Ci si guarda dentro
> Dove si celano i misteri
> E si tirano fuori bugie da condividere

Sono al contempo uno scienziato e un sofista, un guerriero e un diplomatico, un leone e una pecora, e tante altre cose che ora non riuscireste a sopportare. A volte sono ciò che volete che sia, ma mai ciò che pensate che sia. Se non posso avere un chilometro, mi accontento di un centimetro. Se non posso avere un centimetro, mi accontento di un pelo. Se non posso girarti di 180 gradi, ti girerò di uno. Non mi aspetto di convertirti al mio modo di pensare da un momento all'altro. Sono paziente. Ho costruito Roma in un giorno? Un giro di parole qui, un eufemismo là, una rappresentazione un po' fuorviante ora, una più pesante dopo, qualche minima omissione sparsa, e vedrai la luce. Sono tanto liberale con i depistaggi e i melodrammi quanto con gli attacchi ad personam e gli argomenti fantocci, e i miei trucchi non finiscono lì. Se non altro, dissimulerò, confonderò, indugerò o farò tutte e tre le cose. L'oscurità è il mio colore preferito. Se fuorvio, è solo per il tuo bene. La cattiva informazione fa male solo quando porta a risultati sgraditi. Imparare a guardare la realtà sotto una luce alternativa espanderà i tuoi orizzonti e aprirà nuovi panorami di consapevolezza, e le tue opportunità cognitive ed esperienziali cresceranno all'infinito. Le piccole alterazioni che noterai si dissiperanno col tempo, e tu diventerai saggio e flessibile sotto la mia tutela. Una rosa, con qualsiasi altro nome, potrebbe in realtà non essere una rosa!

> Il Giorno è finito, il gioco è vinto
> Vieni sul sole a una vita eterna
> Aggiogali e legali stretti
> Gettali nell'oscurità della notte

Sono tante le cose in questo mondo da cui voglio proteggerti. Credi che permetterei che ti facessi ingannare nel Grande Gioco? Impara da me, perché il mio cuore è umile e splendente! L'arroganza sarà il nostro passatempo nazionale. Una strega insegnava che il diavolo mette a dura prova certe anime, e che ne lascia in pace altre perché sa di possederle già. Strega! Traditrice! Cosa ne sa? Lascia che ti salvi da questa cecità, e il Grande Tiranno e io ti renderemo il mio servo fidato!

> Scuoti e dimena
> Confondi e abbaglia
> Pan per focaccia e colpo su colpo
> Lacrime e sporcizia
> Ghiaia e melma
> Qualche moneta per una filastrocca

Inganno! Ladri! Lasceresti che Loro ti dessero scacco matto nel Grande Gioco per l'eternità? Il lavoro delle mie mani, un ciclope della ragione!

> Io sono il mistero dell'iniquità, un enigma di bugie
> Impara da me e non conoscerai nulla
> Parla con me e non sentirai nulla
> Unisciti a me e non otterrai nulla
> E cos'avrai se non il Padre delle Bugie?

Il Sindacato del Peccato

5

La discarica dei sogni infranti

Caro diario,

ecco che ci risiamo.

Perché ogni volta che comincio una cosa nuova nella vita e ripongo le speranze in qualcosa di valido, finisce sempre tutto con un fallimento, con delusione e dolore? Non me ne va mai una giusta, niente va oltre lo stadio iniziale della speranza e dell'entusiasmo. So che tutti sperimentano fallimenti, colpi duri, rifiuti e sconfitte nella vita, ma sembra che a me capitino più che agli altri. Perché Dio non benedice i miei sforzi?

Oh, ci sono state volte in cui le cose mi sono andate bene, più o meno, talvolta a mio beneficio e talvolta no, ma mai niente di importante. Non riesco a trovare un punto di partenza su cui costruire. Qualsiasi successo apparente o traguardo è fugace, e si lascia dietro solo svilimento e sconforto. So che al mondo c'è chi ha una vita più difficile della mia — e di gran lunga, anche — e che raccoglie i cocci a ogni sconfitta e va avanti, cosa che farò di nuovo anch'io. Prego per queste persone e cercherò di essere riconoscente per ciò che ho.

Dicono che Dio tiene conto degli sforzi e non dei successi. Va bene! Ma sarebbe carino se alcuni di questi sforzi dessero dei frutti, un giorno o l'altro. Dicono anche che Dio ricompensa la fatica, le avversità, la pazienza e la buona volontà. Ottimo! Esiste una possibilità che io riceva un qualche tipo di ricompensa in questa vita per tutto il mio impegno e tutte le difficoltà che affronto?

Mentre mi svuoto su queste pagine, sera dopo sera, a volte mi chiedo se Dio ascolti le mie preghiere. Sto cominciando a perdere la forza di volontà. E la speranza.

Ad ogni modo, riuscirò a inventarmi qualcosa. Prego per chi affronta delle avversità nella vita, e prego per me.

Mi stai ascoltando, Signore? Riesci a sentirmi?

6

Il treno alla stazione

Una volta, ho ascoltato un'omelia in cui, per veicolare il suo messaggio, il vescovo si è aiutato con un racconto per bambini: *La piccola locomotiva che pensava di potercela fare*. Nel libro, si parla di una locomotiva che ripete il mantra "posso farcela, posso farcela" mentre traina dei vagoni oltre una montagna. Non ricordo l'intera omelia perché sono passati tanti anni, ma ne ho colto il messaggio quando il vescovo ha detto: «Non sta a noi portare il treno alla stazione».

Come si può immaginare, questo racconto per bambini si prefigge di insegnare il valore degli sforzi e della perseveranza, ma il messaggio del vescovo mirava a dire che il successo, nella vita spirituale e al servizio di Dio, dipende più dalla grazia e dalla fede che dall'impegno e dagli sforzi, e che nessuno è mai diventato santo attraverso la sola perseveranza e tenacia. Ciò che ha reso l'omelia così memorabile per me è stato l'ardore con cui il vescovo ripeteva "Non sta a noi portare il treno alla stazione", creando un parallelo col messaggio del racconto: "Posso farcela, posso farcela". Quel giorno mi sentii come se mi avessero tolto un peso dalle spalle. Ho ascoltato migliaia di omelie nella mia vita, ma ne ricordo solo una manciata. Questa è una di quelle.

"Non sta a noi portare il treno alla stazione." Sta a Dio! Il Signore ha detto: "Senza di me non potete far nulla" (Giovanni 15,5), intendendo che il successo al servizio di Dio dipende dalla Sua benedizione e dalla Sua collaborazione. Malgrado questo, è comunque nostro compito imitare la piccola locomotiva e compiere uno sforzo sincero, perseverare finché è ragionevole farlo e, soprattutto, avere fede in Dio, in noi stessi e in quel che di positivo stiamo cercando di realizzare.

"Non sta a noi portare il treno alla stazione," ma sta a noi posare i binari! Nella vita, il successo potrà anche dipendere da Dio, ma non sarà Lui a infilarsi nei nostri panni e a rimboccarsi le maniche. Santa Faustina rivelò che Dio ricompensa fatica, avversità, pazienza e buona volontà. Ricompensa gli sforzi compiuti, in questa vita e nella prossima.

"Non sta a noi portare il treno alla stazione". Non dimenticherò mai queste parole finché vivrò. Proprio come è compito di Dio garantire il successo definitivo nella vita, è in base ai *Suoi* standard che quel successo verrà giudicato. E se vogliamo conoscerli, dobbiamo rifarci alle Sacre Scritture e all'esempio di chi ha vissuto una vita di carità eroica.

Abraham Lincoln parlò dei "migliori angeli della nostra indole". Egli, in effetti, è un buon esempio di ciò che il vescovo tentava di insegnare. Lincoln si rese conto che, per quanto potesse sforzarsi, il risultato finale non sarebbe dipeso da lui. Stava a Dio completare il buon lavoro che lui si era prefissato di realizzare nella vita. Stava a Dio portare il treno alla stazione.

E stava a Lincoln aiutare a posare i binari.

7

Un manuale introduttivo alla vita spirituale, Parte 1

La società moderna ha fatto grandi passi avanti nel parlare apertamente di salute mentale senza provare vergogna. Per fortuna, lo stigma che un tempo circondava quest'argomento sta scomparendo, permettendoci di trattarlo con lo stesso rispetto, la stessa considerazione e lo stesso interesse professionale riservato alla salute fisica. Forse, un giorno, saremo in grado di dire e fare lo stesso anche per il nostro benessere spirituale.

"Benessere spirituale? Ah, sì, possiamo accomunarlo a quello mentale".

Be'… sì e no. La vita spirituale non è riconducibile in ogni suo aspetto allo studio della psicologia e, allo stesso modo, le scienze psicologiche non sono riconducibili in tutto e per tutto a ciò che pertiene alla vita spirituale. Ciononostante, è indubbio che esista una sovrapposizione.

La scienza della vita spirituale è simile alle scienze psicologiche, tranne per il fatto che essa viene affrontata in un contesto religioso. L'oggetto di studio è lo stesso: la parte incorporea della natura umana, e cioè la psiche, la mente, il cuore, l'anima, lo spirito. Tutti elementi, questi, che possono essere differenziati l'uno dall'altro con diverse sfumature. Presi insieme, tuttavia, si distinguono dalla parte corporea della nostra natura, il corpo umano, che è l'oggetto di studio delle scienze mediche. La vita spirituale insegna che il pastore o confessore è il dottore dell'anima, così come gli psicoterapeuti e altri tipi di professionisti delle scienze psicologiche sono ritenuti dottori della psiche.

Secondo la psicologia, sessualità e aggressività sono pulsioni gemelle della personalità umana. San Tommaso D'Aquino, nella sua *La Somma Teologica*, parla di concupiscenza e irascibilità, che ben corrispondono, anche se non precisamente, a sessualità e aggressività. L'origine di ogni attività umana, l'amore, affonda le sue radici nel cuore.

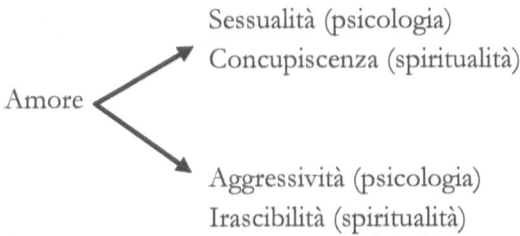

L'obiettivo delle scienze psicologiche può essere espresso in diversi modi: autoconsapevolezza, autorealizzazione, benessere mentale, ecc. Anche l'obiettivo della vita spirituale si può declinare in vari modi: santificazione e purificazione, santità personale, carità perfetta, unione con Dio, ecc. Sebbene ci sia un legame stretto tra salute mentale e spirituale, l'una non è sinonimo dell'altra. È possibile che una persona con un alto grado di santità si trovi ad affrontare problemi di salute mentale. Allo stesso modo, è possibile che una persona spiritualmente morta (ovvero che ha perso la grazia santificatrice) non sia gravata da alcun problema di salute mentale degno di nota.

La grazia santificatrice si perde attraverso il peccato mortale e solo Dio può restituirla. Come indica il termine, essa conduce chi la detiene alla santità, che è definita come: (1) partecipazione alla vita divina e (2) inclusione nella natura divina. Sebbene Dio compia ogni Suo atto come Padre, Figlio e Spirito Santo in contemporanea, il lavoro della santificazione è normalmente attribuito allo Spirito Santo. La presenza interiore dello Spirito Santo dev'essere preservata a tutti i costi, anche fino alla morte fisica. Perderlo si tradurrebbe nella morte spirituale dell'anima.

Principio spirituale n.1: La grazia santificatrice è il dono più prezioso nella vita spirituale.

Nel Vangelo, Cristo dice: "Senza di me non potete far nulla" (Giovanni 15,5). Ciò *sembra* controintuitivo, se pensiamo alla vita di tutti i giorni. Ci *sembra* di poter fare una marea di cose senza Dio, compreso peccare, cominciare guerre, distruggere l'ambiente e tante altre attività in cui Lui non ci aiuterebbe mai. Per di più, *sembra* che Dio non riesca a evitare che cose simili accadano. È come se fosse incapace di farlo, come se non potesse far niente nel mondo senza l'agire umano. Ma verbi come *sembrare* e *apparire* si rifanno alla percezione e, come tutti sappiamo, la realtà non è sempre come *sembra* o come *appare*. In termini teologici, malgrado sia onnipotente, Dio preferisce servirsi degli esseri umani per compiere la Sua volontà e il Suo piano. È un paradosso, e ci sono miracoli che non coinvolgono l'agire umano, ma il punto è che non dovremmo aspettarci che Dio faccia ciò che gli esseri umani possono fare da sé.

In quanto alla grazia santificatrice, tuttavia, siamo noi a dimostrarci incapaci. "Senza di me non potete far nulla" (Giovanni 15,5) significa che gli esseri umani non hanno il potere di santificare o consacrare. Nell'ambito della vita spirituale, Dio regna supremo e non c'è davvero nulla che possiamo fare per noi o per gli altri senza di Lui. Potremmo lavorare anche per una vita intera per raggiungere la santità personale senza fare il minimo progresso nella vita di preghiera, senza accrescere la nostra virtù, senza fare un solo passo verso la purificazione o la santità personale con le sole nostre forze. Tutto ciò dipende dal lavoro di Dio.

> **Principio spirituale n.2**: Solo Dio ha il potere di
> purificare, santificare e consacrare.

E tuttavia, ciò non deve sollevarci dal fare tutto il possibile per raggiungere la santità. Non ci può essere miglioramento nella vita spirituale senza disciplina e sacrificio. Dio non ricompensa la pigrizia, e la grazia non è mai a buon mercato. Essa si definisce come: (1) l'aiuto benefico di Dio in generale, (2) uno specifico dono o favore individuale e (3) la grazia santificatrice. Essa è sempre concessa liberamente, nel senso che Dio non è obbligato a impartirla. Inoltre, la grazia non interferisce mai con la libertà umana né la distorce.

> **Principio spirituale n.3**: La grazia accresce e perfeziona la natura.

Il dono più bello che Dio possa farci è la vita stessa, che si intende come: (1) vita transitoria sulla terra, (2) vita eterna in paradiso e (3) sacralità o santità, che è la partecipazione alla vita e alla natura di Dio. Secondo la tradizione spirituale cristiana, la carità perfetta è la perfezione delle nostre vite terrene. Essa è la regina di tutte le virtù e si rifà direttamente ai due comandamenti più importanti: (1) l'amore per Dio e (2) l'amore per il prossimo e per sé stessi. Nella Bibbia, la parola greca per *amore* è *agape*, mentre quella latina è *caritas*.

Amore per Dio

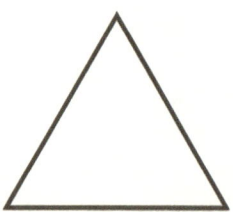

Amore per il prossimo   Amore per sé stessi

> **Principio spirituale n.4**: L'umiltà amorevole, o l'amore umile, è la forza più potente dell'universo.

L'amore narcisistico per sé stessi differisce dal giusto amor proprio come il vizio differisce dalla virtù. Nella vita spirituale, il progresso dipende dal grado di conoscenza di sé e dalla capacità di imparare ad amare sé stessi nel modo giusto, dato che c'è un modo spiritualmente salutare di farlo e uno egoistico. L'amore narcisistico per sé stessi è un'inversione della virtù della carità.

Amore per sé stessi narcisistico, egoista

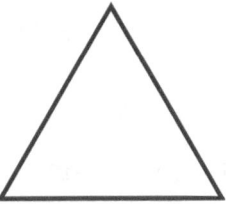

Amore per Dio (se c'è)   Amore per il prossimo (se c'è)

Principio spirituale n.5: L'amore narcisistico per sé stessi è la radice di tutti i mali.

Quest'insegnamento spirituale si rifà alla scoperta, nelle scienze psicologiche, della triade oscura formata da psicopatia, narcisismo e machiavellismo o, se preferite, dell'oscura tetrade che include il sadismo.

8

Un eroe è scelto

Posizione/i disponibile/i per assunzione immediata. Ogni candidatura è ben accetta. Il candidato ideale è in possesso o capace di conformarsi ai seguenti requisiti:

- Disponibilità a fare tutto il possibile
- Perseveranza fino alla fine
- Fiducia

Quelli che seguono, non sono requisiti necessari all'inoltro della candidatura. In molti casi, l'assenza di uno di essi, potrebbe aumentare l'appetibilità del candidato:

- Amici
- Relazioni intime
- Popolarità
- Un lavoro normale
- Qualsiasi forma di reddito
- La minima idea
- Posizione sociale di rilievo

- Segni distintivi di successo, capacità di ascesa o talento
- Una reputazione positiva
- Una vita morale molto sviluppata (la notorietà pubblica non sarà motivo di esclusione e in certi casi potrebbe aumentare l'appetibilità del candidato, a patto che lui o lei sia disponibile a intraprendere un programma di addestramento e correzione)
- Altre qualità negoziabili

Il processo di selezione e il percorso professionale sono i seguenti:

1. **Un eroe è scelto.** Il datore di lavoro sceglierà uno o più candidati eroi.

2. **Esperienza nel deserto.** Il candidato affronterà un'esperienza nel deserto come apprendista.

3. **Missione e vocazione.** L'apprendista riceverà una missione e una vocazione.

4. **Esperienza culmine.** L'apprendista verrà messo alla prova.

5. *Deus ex machina.* Il datore di lavoro fornirà assistenza in base alle necessità.

1. Un eroe è scelto

"Ma quello che è stolto per il mondo, Dio lo ha scelto per confondere i sapienti; quello che è debole per il mondo, Dio lo ha scelto per confondere i forti; quello che è ignobile e disprezzato per il mondo, quello che è nulla, Dio lo ha scelto per ridurre al nulla le cose che sono, perché nessuno possa vantarsi di fronte a Dio". (1 Corinzi 1,27-29)

"È cresciuto come un virgulto davanti a lui e come una radice in terra arida. Non ha apparenza né bellezza per attirare i nostri sguardi, non splendore per poterci piacere. Disprezzato e reietto dagli uomini, uomo dei dolori che ben conosce il patire, come uno davanti al quale ci si copre la faccia; era disprezzato e non ne avevamo alcuna stima". (Isaia 53,2-3)

2. Esperienza nel deserto

Una volta assunto, l'apprendista dovrà essere disponibile ad accettare dei cambiamenti nella sua vita, oltre ad un possibile trasferimento. Un periodo di formazione sarà essenziale per sviluppare la fibra morale che lo renderà idoneo o idonea a gestire le future responsabilità. L'apprendista comincerà un vasto programma di istruzione, addestramento e purificazione. È possibile che a lui o lei venga chiesto di sopportare condizioni di vita e di lavoro sgradevoli che potrebbero includere straordinari, compiti e incarichi spiacevoli, colleghi egoisti, irragionevoli e immaturi, astinenza e digiuno, nonché altre difficoltà e tribolazioni richieste dalla missione e dalla vocazione.

A completamento dell'esperienza nel deserto, all'apprendista verrà chiesto di trasferirsi. Il tempismo e il luogo sono tutto. O quasi. Si informa, inoltre, che il completamento dell'esperienza nel deserto non sancirà la fine del programma di formazione, poiché la formazione continua nella santità durerà necessariamente per il resto della vita terrena dell'apprendista.

3. Missione e vocazione

L'apprendista intraprenderà una vocazione gravosa e la sua vita potrebbe cambiare drasticamente. L'apprendista porterà a termine incarichi condivisi con altri discepoli e potrebbe essere chiamato o chiamata a completare almeno una missione unica durante la sua vita. Il fallimento è grave ma non risulterà necessariamente nella perdita della salvezza. Il successo verrà generosamente ricompensato.

L'integrità dell'apprendista dovrebbe migliorare col tempo. I difetti morali dovrebbero diminuire fino a sparire del tutto. Anche gli errori di giudizio dovrebbero ridursi, dato che all'apprendista verrà chiesto di accrescere la propria virtù intellettuale, particolarmente in

ambito di ragionevolezza e rettitudine, nonché in
campo morale. Tuttavia, il fallimento in questioni
di natura intellettuale sarà ritenuto meno grave
di quello in questioni di natura morale.

4. Esperienza culmine

L'apprendista dovrà affrontare un evento o una
serie di eventi che serviranno da esperienza
culmine. Il fallimento è possibile in senso totale
o parziale, ma gli apprendisti passati
testimoniano all'unanimità che l'esperienza è
valsa ampiamente il sacrificio.

5. *Deus ex machina*

L'apprendista verrà informato che il successo in
qualsiasi impresa non dipende interamente da lui o
lei. Non sta all'apprendista portare il treno alla
stazione. Gli o le verrà ricordato che
l'assistenza divina è sempre disponibile e che lui
o lei non è mai solo/a. L'apprendista verrà
informato che la provvidenza divina è prontamente
elargita nei momenti più difficili della vita,
soprattutto nell'esperienza culmine, nell'evento-
eroe e nel momento-eroe.

Credi nei miracoli?

Vuoi diventare un santo-eroe?

Allora quando sei alla resa dei conti
E le probabilità sono contro di te
Quando la posta è alta
E la fine è vicina
Quando in palio c'è tutto
E tu sei lo svantaggiato
Disperato
Solo al mondo
Con tanto a tuo sfavore
E poche speranze di farcela
Quando le tue uniche opzioni sono vincere o perire
E tutto ciò che hai dalla tua è Dio
Allora sappi che sei davvero benedetto
Sei l'essere più fortunato dell'universo
Perché sei esattamente dove Dio vuole che tu sia
Sei nelle Mani di Dio

Non dubitare mai di una persona di fede
Deus ex machina

Un eroe è scelto

9

Un manuale introduttivo alla vita spirituale, Parte 2

Ogni natura ha una sua perfezione, e la perfezione della natura umana è di essere come Dio. Dato che siamo fatti a Sua immagine e somiglianza e che Lui è il bene supremo, il nostro obiettivo è di partecipare alla Sua vita e alla Sua natura nel modo più perfetto possibile.

Gli angeli sono esseri interamente spirituali, cioè non possiedono elementi fisici (il corpo). Gli umani, al contrario, sono dotati di una doppia natura costituita da corpo e anima. Nella vita spirituale, una delle nozioni più importanti da conoscere sul corpo è che i cinque sensi agiscono da finestre o canali, attraverso cui l'anima acquisisce conoscenza del mondo esterno. Senza i sensi fisici, l'anima sarebbe intrappolata nel corpo come un prigioniero in una cella senza porte o finestre. Un'eccellente analisi dei cinque sensi e della loro importanza nella vita spirituale si trova nelle opere di San Giovanni della Croce.

L'anima è il principio spirituale del corpo e il suo principio di vita. La parola *principio* ha due significati: (1) una verità fondamentale e (2) l'origine di un'attività. Affermare che l'anima è il principio spirituale del corpo e il suo principio di vita significa dire che l'anima è l'origine della vita e dello spirito del corpo. Senza un'anima, un corpo non è altro che un cadavere.

Essa ha tre facoltà: volontà, intelletto e memoria, che è spesso inclusa nell'intelletto. Proprio come il corpo ha cinque sensi fisici, allo stesso modo l'anima ha cinque sensi spirituali:

1. *L'orecchio, l'organo dell'obbedienza.* Quando nelle Sacre Scritture si legge "Ascolta, popolo mio: contro di te voglio testimoniare. Israele, se tu mi ascoltassi!" (Salmi 81,9), *ascoltare* significa *obbedire.*

2. *Gli occhi, l'organo della comprensione.* Quando nelle Sacre Scritture si legge "Guardando non vedono, udendo non ascoltano e non comprendono" (Matteo 13,13), significa che queste persone hanno la facoltà spirituale di poter comprendere ma sono accecati dal peccato o dall'ostinazione.

3. *Il naso, l'organo dell'intuizione.* Nel linguaggio comune diciamo: "Sento puzza di bruciato", oppure "C'è puzza di marcio qui". Nelle Sacre Scritture, sono tanti i momenti in cui Dio avverte profumi graditi, di solito associati con la preghiera, col sacrificio o con la santità (ad es., Genesi 8,21, Esodo 29,18), ma è l'autore umano che intuisce se Dio è compiaciuto o meno.

4. *La bocca, l'organo di un'esperienza diretta con Dio e le cose di Dio.* Ciò è evidente quando nelle Sacre Scritture si dice: "Gustate e vedete com'è buono il Signore". (Salmi 34,9)

5. *Il senso del tatto, anch'esso un'esperienza diretta con Dio e le cose di Dio.* Il Cantico dei Cantici è pieno di questo tipo di linguaggio e lo

ritroviamo anche quando Dio accarezza, stringe o trasporta un essere umano.

Secondo Santa Faustina, l'essenza della santità è fare la volontà di Dio. L'importanza di questo aspetto è suprema. Amare Dio è obbedirgli, e obbedirgli volontariamente è amarlo, anche quando si ha l'impressione che non sia così. Cristo ha sempre fatto la volontà del Padre, ed essere cristiani o simili a Cristo vuol dire imitarlo nella sua obbedienza a Dio. L'obbedienza alla Sua volontà è essenziale per condurre una vita spirituale.

Principio spirituale n.6: L'essenza della santità è fare la volontà di Dio.

Nella filosofia greca, il male è definito come mancanza del bene che dovrebbe esserci ma è assente. È come una carie in un dente: nella vita spirituale, il male ha lo stesso effetto. Se non è piena di qualcosa di spiritualmente benefico, l'anima finisce per essere infettata dal vizio e muore. Nella vita spirituale, il male è l'assenza della grazia o virtù santificatrice che dovrebbe esserci ma non c'è. L'aspetto rassicurante della presenza del male nel mondo e nelle nostre anime è che Dio non permetterebbe il male, se dallo stesso male non traesse il bene.[1] Egli ha sempre una risposta significativa al mistero dell'iniquità.

Il male morale esiste perché gli esseri umani sono dotati di libero arbitrio, di cui Dio non ci priva. Il libero arbitrio ci permette di collaborare con Dio o, al contrario, di sventare il Suo piano per

---

[1] *Catechismo della Chiesa Cattolica*, n.324.

le nostre vite. Se gli esseri umani non fossero dotati di libero arbitrio, saremmo alla stregua di robot o schiavi, e non è questo che Dio vuole. Egli è in cerca di partecipanti volontari al Suo progetto di creazione e salvezza, non di prigionieri o di ostaggi. La grazia si muove a partire dalla natura e la perfeziona, ma non la cancella mai. Dio non sottrarrà né distruggerà mai ciò che ha creato, compreso il nostro libero arbitrio, che invece è esattamente quanto cercano di fare le forze spirituali dell'oscurità.

> **Principio spirituale n.7**: Il principio più profondo e
> fondamentale della storia è la perpetua opposizione
> tra il bene e il male.

La letteratura della tradizione cristiana parla ampiamente della continua battaglia, che esiste da sempre al mondo, tra il bene e il male. Questa lampante verità si manifesta nella vita di ogni persona sotto forma di uno scontro spirituale a cui nessuno può sfuggire. Lo studio della storia e dell'attualità dimostra quante guerre e peccati di tutti i tipi si siano succeduti nel tempo, e la causa di ognuno di essi è la battaglia interiore tra bene e male che alberga in ognuno di noi. Chiunque sia impegnato a vivere la vita spirituale sa che questa battaglia spirituale è sempre presente. Sono fenomeni correlati. L'impulso che governa le nostre azioni viene da dentro.

I nemici dell'anima sono il diavolo, la carne e il mondo. Il diavolo e gli altri angeli caduti sono reali ed è pericoloso pensare il contrario. L'umanità è pronta a spendere trilioni di dollari per esplorare lo spazio nell'evidente tentativo di scoprire se esistono altre forme di vita nell'universo. Com'è possibile che da una parte spendiamo tanta energia e soldi per investigare l'esistenza di vita extraterrestre, mentre dall'altra ci rifiutiamo di credere nell'esistenza di esseri spirituali qui sulla terra? Siamo diventati materialisti fino a questo punto? Se c'è una cosa che spero impariate da questo libro, è accettare il fatto che gli angeli caduti esistono e che sono nostri nemici. Ciò che non conosciamo può davvero ferirci.

> **Principio spirituale n.8**: I nemici dell'anima sono il
> diavolo, la carne e il mondo.

Nelle Sacre Scritture, il diavolo è rappresentato come bugiardo e assassino. Ogni sua azione ha origine da una malvagità che va ben oltre quella di cui possiamo far esperienza nelle interazioni umane. Il suo odio e il suo rancore sono su una scala completamente diversa e terrorizzano fino a pietrificare. Il motivo è che il diavolo è molto più potente di qualsiasi essere umano e, di conseguenza, la sua capacità di odiare e la sua propensione per la violenza sono notevolmente più ampie di quelle di chiunque di noi.

Le Sacre Scritture insegnano chiaramente che il diavolo inganna e uccide. In quanto assassino, è suo obiettivo distruggere la gloria santificatrice nell'anima, creando al suo posto un vuoto — una mancanza di un bene che dovrebbe esserci ma è assente — che finirà per corromperla. In quanto bugiardo, il diavolo, aiutato dai suoi seguaci, mira a distorcere la realtà, a poco a poco, gradualmente, un passo alla volta e nel corso del tempo. La sua opera di distruzione può durare una vita. Le forze spirituali dell'oscurità possono essere viste all'opera tanto nella misinformazione, nel fraintendimento, nel travisamento e in simili sottigliezze quanto in azioni espressamente violente. Il diavolo odia la luce, e ci sono occasioni in cui una semplice opinione è nemica di Dio e della verità. I moniti "Non credere a niente di quello che senti, e solo alla metà di ciò che vedi" e "Non credere a tutto ciò che pensi" sono da tenere in considerazione.

Quando ci tentano, il diavolo e gli altri spiriti malvagi hanno accesso all'immaginazione e alla sensibilità, ma la volontà possono solo sollecitarla: non la controllano né la determinano. La volontà esiste in ogni istante in uno stato di relativa libertà, a seconda di quanto sia radicata nell'anima l'inclinazione alla virtù o al vizio. Più un'anima è virtuosa, maggiore è la libertà di cui gode quella persona (ovvero la libertà di scegliere il bene). Più un'anima è viziosa, più la persona a cui essa appartiene è asservita al potere del peccato e schiava dell'influenza del diavolo. Nei casi di possessione in cui il diavolo ha un potere forte sull'anima, la volontà rimane in parte libera, anche se è minima e anche se l'anima è debole. Dio non permette al diavolo di controllare per davvero il libero arbitrio di una persona. I film non sono una buona fonte d'informazione su quest'argomento.

Il secondo nemico dell'anima è la carne, che viene definita come: (1) tutto ciò che è opposto alla grazia e (2) la pelle e i tessuti molli del corpo umano in quanto distinti dalle ossa. Quando San

Paolo dice: "La carne infati ha desideri contrari allo Spirito e lo Spirito ha desideri contrari alla carne; queste cose si oppongono a vicenda, sicché voi non fate quello che vorreste" (Galati 5,17), quello che intende è che la carne è tutto ciò che in noi è opposto alla grazia. Quando scrive "è stata data alla mia carne una spina" (2 Corinzi 12,7), probabilmente si riferisce a un tipo di male corporeo, forse causato dall'aver sopportato tante avversità fisiche, o magari a una condizione congenita o una ferita. La verità è che non lo sappiamo.

Il terzo nemico dell'anima, il mondo, è interpretato in due modi dalla tradizione cristiana: uno neutrale e uno spregiativo. In senso neutrale, il mondo è fatto di persone, luoghi, cose, idee, eventi e avvenimenti. È a questo che si riferiscono le Sacre Scritture quando si legge: "Dio infatti ha tanto amato il mondo da dare il Figlio unigenito, perché chiunque crede in lui non vada perduto, ma abbia la vita eterna" (Giovanni 3,16). In senso spregiativo, invece, il mondo è tutto ciò che è opposto al regno di Dio nelle società umane di ogni epoca.

Associati a esso sono i beni terreni, acquisiti in quanto fini a sé stessi e capaci di infiammare l'orgoglio e la carnalità di chi li possiede. Tra essi vi sono ricchezze, onori, piaceri, potere, prestigio e fama. Contrapposti a quelli terreni e transitori, i beni spirituali hanno invece effetti benefici che perdurano nell'eternità. Tra essi troviamo la grazia, le virtù, i meriti, la gloria, l'onore e l'indulgenza. I beni spirituali, tuttavia, non vanno confusi con l'obiettivo della vita spirituale, né tantomeno sono da considerarsi più importanti della grazia santificatrice. L'obiettivo sono sempre la santità personale, la santificazione e la purificazione, la carità perfetta, la perfezione spirituale o l'unione perfetta con la volontà di Dio. I beni spirituali servono ad aiutarci nel raggiungimento dell'obiettivo finale e a ricompensarci per aver servito Dio.

L'obbedienza alla volontà di Dio e il discepolato autentico conferiscono inoltre significato, valore, scopo, appagamento, ricompensa e soddisfazione alla vita. Questi dovrebbero considerarsi benefici spirituali in aggiunta ai beni spirituali.

10

La mindfulness e la pratica della presenza di Dio

La pratica della mindfulness, cioè della consapevolezza dell'esperienza personale presente, è oggi famosa sia come terapia psicoterapeutica sia come forma di meditazione per chi semplicemente desidera migliorare la propria vita. Dal punto di vista religioso, la mindfulness è neutrale, nel senso che non insegna né sostiene esplicitamente dei principi religiosi, pur essendo di certo compatibile con la religione e la disciplina spirituale. Monaci e praticanti di yoga di ogni genere la conoscono probabilmente da secoli: essa potrebbe addirittura risalire alle origini della nostra specie, quando gli esseri umani cominciarono a sviluppare la consapevolezza di sé stessi.

Nicolas Herman nacque in Francia nel 1614. La sua vita fu segnata da una povertà e una violenza non inusuali nel Medioevo e agli albori dell'Europa moderna. Si affacciò all'età adulta durante la guerra dei Trent'anni (1618–1648), un conflitto complesso e devastante che si combatté perlopiù nell'Europa centrale. Per sostentarsi, Herman fu costretto ad arruolarsi. Ferito e quasi morente, visse un risveglio religioso che, nel 1640, lo portò a unirsi all'ordine dei Carmelitani scalzi di Parigi. Non avendo un'istruzione, diventò un frate laico e prese il nome di Fra Lorenzo della Resurrezione. La sua fu una vita di lavoro manuale e di semplice preghiera al servizio della comunità religiosa. Morto nel 1691, oggi è conosciuto come l'autore del classico cristiano *La pratica della presenza di Dio*, composto da una raccolta di sue lettere e conversazioni.

Il titolo di questo libro ne cattura l'idea cardine. La disciplina spirituale di Fra Lorenzo è una tecnica meditativa che potrebbe definirsi come una mindfulness praticata in chiave religiosa, che invita a rivolgere di proposito la mente verso Dio in modo da essere costantemente coscienti della Sua presenza. Non appena si rendeva conto che la sua mente si era distratta, Fra Lorenzo riportava l'attenzione sulla presenza di Dio. Al pari della mindfulness, questa pratica è tanto semplice quanto profonda e in grado di cambiare la vita di chi la attua. Proprio come la mindfulness, essa è difficile e allo stesso tempo semplice da realizzare.

Tanti anni fa, ho ascoltato un'intervista radiofonica a un monaco buddista che affermava che la sua principale disciplina spirituale era la pratica continua della pazienza. Vale la pena parlarne in questo contesto, vista la sua compatibilità con la mindfulness e la pratica della presenza di Dio. Buddha non sosteneva di essere un dio, ma professava di essere sveglio. La mindfulness pone l'accento proprio su questo aspetto, e Fra Lorenzo mirava a essere continuamente sveglio e cosciente della presenza di Dio. Sembra evidente che la mindfulness, la pratica della presenza di Dio e quella della pazienza costante abbiano degli elementi in comune: l'essere svegli, l'essere coscienti del momento presente, la pazienza, l'autocontrollo e il rilassamento mentale.

La mindfulness può essere sia una terapia che un modo di vivere. La psicoterapia sfrutta la pratica della mindfulness per migliorare la salute mentale e fisica. Per i pazienti, la mindfulness mira ad alleviare disturbi come ansia, depressione, dolore fisico cronico, tossicodipendenza e disturbi post-traumatici da stress, ma il suo obiettivo, quello che interessa tutti, è vivere pienamente il presente, essere più coscienti di noi stessi e di ciò che ci circonda e raggiungere un più alto livello di consapevolezza. Chi pratica la mindfulness raccomanda anche:

- Una sana curiosità e l'apertura al mondo attorno a noi

- L'essere coscienti delle percezioni mentali e del malessere fisico, guardando entrambi con un atteggiamento acritico

- L'osservazione dei pensieri e la dissociazione di questi ultimi dal vero sé.

~

Tutto ciò è per dire che se il vostro sogno è diventare un monaco Jedi, allora dovete praticare la mindfulness, la presenza di Dio e, soprattutto, la pazienza.

I cavalieri Jedi e i monaci Jedi hanno molto in comune:

- I cavalieri Jedi servono e sono guidati dalla Forza, che ha un lato luminoso e uno oscuro. I monaci Jedi servono e sono guidati da Dio, che è solo Luce.

- L'autodisciplina e gli addestramenti dei cavalieri Jedi somigliano alla disciplina spirituale e fisica praticata dai monaci Jedi, tranne per il fatto che questi ultimi non uccidono nessuno, neanche i droidi.

- Nel cercare di connettersi con la Forza, i cavalieri Jedi praticano una forma di mindfulness e meditazione che è simile alla preghiera e all'ascolto con l'orecchio del cuore. I monaci Jedi cercano di connettersi a Dio attraverso la preghiera meditativa e la contemplazione, e dispongono di una ricca tradizione a cui attingere.

- Ai cavalieri Jedi vengono insegnate virtù cristiane come la pazienza, la compassione, l'umiltà, la modestia, la prudenza, l'altruismo, la carità, la sobrietà, la castità e il coraggio, solo per nominarne alcune. Un vero monaco Jedi le incarna tutte e, come i cavalieri Jedi, pratica ciò che il Taoismo chiama azione senza sforzo.

- Un vero monaco Jedi è alla pari di un vero cavaliere Jedi in materia di virtù, autodisciplina e in ogni altro aspetto, tranne che per il fatto che i monaci Jedi non brandiscono spade laser.

E soprattutto, entrambi praticano la pazienza, la fiducia nel lento processo di santificazione o in quello di unione con la Forza, contando sul lavoro del tempo.

Che lo Spirto sia con voi!

11

Perseveranza e ostinazione

C'è un mondo di differenza tra la fede e la perseveranza radicate nella buona volontà, e la testardaggine e la caparbietà radicate nell'ostinazione. A volte la differenza può essere estrema, altre più sottile. Ci sono momenti in cui la buona volontà e l'ostinazione hanno vita breve, e occasioni in cui uno dei due atteggiamenti prevale nel corso di una vita intera. In ogni caso, le conseguenze di decisioni prese seguendo una disposizione o l'altra possono essere profonde.

In questa riflessione, offro due esempi storici di uomini famosi e influenti — San Paolo e Mohandas Gandhi — le cui vite dimostrano che le decisioni prese in un atteggiamento di buona volontà o ostinazione possono avere conseguenze di vasta portata, arrivando a influenzare la vita di milioni di persone, nonché la storia stessa. Dalla prospettiva della vita spirituale, possiamo studiare le loro opinioni, le loro decisioni e i relativi esiti per provare a comprendere quanto sia intima la connessione tra l'ostinazione e il vivere secondo la carne da una parte, e la buona volontà e il vivere secondo lo spirito dall'altra (Romani 8,5).

Nel 1940, Gandhi disse: «La parola *sconfitta* non è nel mio vocabolario». Eppure, un breve studio della sua vita condotto su fonti rispettabili mostra che egli di sconfitte ne subì molte, sia grandi che piccole. Il sapore della sconfitta e della delusione doveva averlo ancora in bocca quando, nel 1912, affermò: «Quanto sono spregevoli i miei connazionali». Nel 1929, le sue battaglie, i fallimenti e il disaccordo tra i politici indiani dei suoi giorni lo spinsero a dire: «Preghiamo che Dio ci liberi dalla maledizione della discordia».

Tuttavia, le sue sconfitte più grandi dovevano ancora arrivare. Durante la partizione dell'India, a cui lui si opponeva, e la creazione della nuova nazione del Pakistan, gli induisti e i musulmani migrarono dentro e fuori quel nuovo territorio, portando a violenze religiose ed etniche su vasta scala. Gandhi si adoperò per mitigare la violenza, eppure, malgrado i suoi sforzi, furono in molti — di entrambe le fedi — a perdere la casa, i mezzi di sostentamento e persino la vita.

Se è vero che Gandhi non era affatto estraneo alla sconfitta, è anche vero che non lo era neanche al fallimento personale. Nel 1940, disse: «Esiste uomo che non sbagli?». Il movimento dell'India verso l'indipendenza dalla Gran Bretagna era difficile da navigare e Gandhi non aveva dalla sua il beneficio della prospettiva storica. Oggi, però, molti studiosi credono che i suoi obiettivi irrealistici (il desiderio che l'India tornasse a un'età pre-industriale e l'insistere sul fatto che la maggioranza dei suoi connazionali vivesse una vita semplice fatta di lavoro manuale) —

per quanto mossi da buone intenzioni — contribuirono alla sofferenza e ai tumulti del suo tempo. Gandhi era saldamente attaccato a politiche idealistiche ma inattuabili, e si rifiutò di scendere a compromessi durante i dibattiti politici prima della partizione. Se avesse fatto qualche concessione, la violenza che ne seguì, insieme alla perdita di vite umane e di proprietà, avrebbe potuto essere evitata. In un documentario della BBC su Gandhi, un cittadino indiano ha esternato quella che è forse l'opinione di molti suoi connazionali: "Le idee di Gandhi non funzionano".

Eppure, gli esempi di intransigenza nella vita di Gandhi si accompagnano a un lascito di paziente sopportazione e di azione impegnata di fronte alle ingiustizie, ed è per questo che egli verrà ricordato per sempre. La sua pratica del Satyagraha — la resistenza passiva e la devozione alla verità — ha sfidato le regole delle autorità civili britanniche, aprendo la strada all'indipendenza dell'India. C'è dell'ironia nel fatto che, nello sviluppare la sua comprensione del Satyagraha, Gandhi sia stato influenzato dal trascendentalista americano Henry David Thoreau. Quest'ultimo scrisse *Disobbedienza Civile*, breve saggio pubblicato per la prima volta nel 1849, vent'anni prima della nascita di Gandhi. Se fosse stato ancora in vita, Thoreau avrebbe guardato alle dimostrazioni non violente di Gandhi con grande soddisfazione.

Affermando di non ammettere la parola *sconfitta* nel suo vocabolario, Gandhi indica la sua intenzione di perseverare nonostante gli ostacoli e le difficoltà. Egli condivideva questa qualità col suo coevo avversario politico, l'indomito Winston

Churchill, egli stesso modello di perseveranza e inflessibilità e che, nel 1941, pronunciò queste parole:

> Questa è la lezione: non arrendersi mai, non arrendersi mai. [...]Non arrendersi mai se non per convinzioni d'onore e buon senso. [...] Dobbiamo solo perseverare per vincere.

~

Negli scritti del Nuovo Testamento, troviamo prove della testarda ostinazione di un ebreo ortodosso di nome Saulo, che alla fine si arrende alla paziente sopportazione di un cristiano chiamato Paolo e alla sua disponibilità a patire le avversità per il bene di Cristo. Per sua stessa ammissione, prima della conversione sulla via di Damasco, Saulo aveva perseguitato vigorosamente la nascente Chiesa cristiana. Dopo aver approvato l'esecuzione di Stefano, si recò dal sommo sacerdote a Gerusalemme e "gli chiese lettere per le sinagoghe di Damasco, al fine di essere autorizzato a condurre in catene a Gerusalemme tutti quelli che avesse trovato, uomini e donne, appartenenti a questa Via" (Atti degli Apostoli 9,2). Fu durante questo viaggio che avvenne la famosa conversione di Paolo.

Il drammatico passaggio dalla persecuzione dei farisei all'opera missionaria cristiana mise Paolo sulla strada del conflitto, della controversia e, in ultimo, di una morte violenta. Le sue prime battaglie le combatté a Damasco per farsi accettare dagli altri ebrei cristiani e ottenerne la fiducia.

> E tutti quelli che lo ascoltavano si meravigliavano e dicevano: "Non è lui che a Gerusalemme infieriva contro quelli che invocavano questo nome ed era venuto qui precisamente per condurli in catene ai capi dei sacerdoti?". (Atti degli Apostoli 9,21)

La testimonianza pubblica di Gesù come Messia non fece che alienare Paolo dalle vecchie amicizie e conoscenze. Gli "ebrei" — coloro che non accettavano Gesù come Messia e rimanevano fedeli alla tradizionale legge mosaica — si opposero con forza alla sua conversione, che ovviamente interpretavano come un tradimento dell'ebraismo ortodosso. L'apparente apostasia di Paolo gli valse una censura così aggressiva che: "i Giudei deliberarono di ucciderlo, ma Saulo venne a conoscenza dei loro piani" (Atti degli Apostoli 9,23-24). Con l'aiuto di altri ebrei cristiani, Paolo riuscì a superare le mura di Damasco per tornare a Gerusalemme.

I nemici che Paolo si fece nell'ebraismo ortodosso, non solo a Damasco ma durante tutta la diaspora, rimasero tali a vita. Una volta raggiunta Gerusalemme, Paolo si trovò a dover guadagnare la fiducia di altri ebrei cristiani, affrontando ancora una volta l'ostilità degli ebrei tradizionali che non accettavano la sua conversione. Una nuova ondata di controversie si levò da una fazione della primitiva Chiesa cristiana, i Giudaizzanti, che insistevano nella circoncisione dei maschi adulti convertiti e nella rigida adesione alla legge mosaica.

Ho cominciato questa riflessione affermando che c'è un mondo di differenza tra fede e perseveranza radicate nella buona volontà e la testardaggine radicata nell'ostinazione. Nelle Sacre

Scritture, troviamo la stessa idea espressa in Giovanni 3,6: "Quello che è nato dalla carne è carne, e quello che è nato dallo Spirito è spirito". La perseveranza fedele è dello spirito, mentre l'ostinazione è della carne, che è tutto ciò che c'è di opposto alla grazia. La prima è radicata nella benevolenza, la seconda è più simile al rancore e all'ostilità. Lo spirito era all'opera in Paolo, la carne in Saulo.

L'uomo Saulo era un assassino col cuore pieno di orgoglio religioso. Nella sua arroganza, giustificò il martirio di Stefano e il maltrattamento di altri la cui unica colpa era stata accettare Gesù come Messia. La sua osservanza della Torah e delle sue centinaia di precetti giustificavano, nella sua mente, la violazione di uno dei dieci comandamenti della legge di Mosè: "Non ucciderai" (Esodo 20,13). Nella sua cieca ostinazione e caparbietà, egli si dimostrò incapace della vera carità, proprio come "spirando ancora minacce e stragi" (Atti degli Apostoli 9,1) contravveniva chiaramente ai due più importanti comandamenti.

L'uomo Paolo, invece, patisce una virtuosa e lunga sofferenza, dimostrando una sopportazione paziente che debella il mero egoismo. Paolo dimostra di possedere spirito di sacrificio nel servire Dio, uno spirito che può essere radicato solo in una missione e in una vocazione d'ispirazione divina. Nelle sue stesse parole:

> Cinque volte dai Giudei ho ricevuto i quaranta colpi
> meno uno; tre volte sono stato battuto con le verghe, una
> volta sono stato lapidato, tre volte ho fatto naufragio, ho

trascorso un giorno e una notte in balìa delle onde. Viaggi innumerevoli, pericoli di fiumi, pericoli di briganti, pericoli dai miei connazionali, pericoli dai pagani, pericoli nella città, pericoli nel deserto, pericoli sul mare, pericoli da parte di falsi fratelli; disagi e fatiche, veglie senza numero, fame e sete, frequenti digiuni, freddo e nudità. Oltre a tutto questo, il mio assillo quotidiano, la preoccupazione per tutte le Chiese. Chi è debole, che anch'io non lo sia? Chi riceve scandalo, che io non ne frema? (2 Corinzi 11,24-29).

Vivere nello spirito è fonte di vita e grazia, mentre vivere nella carne porta alla rovina. Può esserci una linea sottile tra la sacra perseveranza e l'inflessibilità radicata nell'ostinazione, una linea che Paolo sembra essere capace di distinguere quando scrive: "La carità [...] non cerca il proprio interesse" (1 Corinzi 13,5). L'ostinazione è sempre egoista in qualche modo e dimostra mancanza di umiltà, mentre la perseveranza fedele nello spirito è altruista e incentrata su Dio. La conversione di Paolo ha portato vita e grazia a lui e ad altri. Mentre si avvicinava alla fine della sua missione, egli poté gioire: "Ho combattuto la buona battaglia, ho terminato la corsa, ho conservato la fede" (2 Timoteo 4,7).

12

Cristianesimo in declino

Una breve rassegna della letteratura sullo stato odierno del cristianesimo nel mondo occidentale restituisce risultati scoraggianti. Le ricerche indicano che, negli Stati Uniti e in Europa, il numero di cristiani sta diminuendo, insieme a quello degli adulti che la domenica partecipano alle funzioni religiose. Gli studi condotti sulle generazioni più giovani sono ancor più demoralizzanti. Malgrado non possano dirci con certezza come sarà la Chiesa cristiana in futuro, i dati raccolti puntano in una direzione problematica.

Sembra che il cristianesimo sia a un bivio. In un mondo in cui le società che lo popolano diventano sempre più interconnesse, il cristianesimo pare soffrire di un problema di sconnessione, che si traduce nello svuotamento delle chiese. Mentre la scienza, la tecnologia e gli studi in generale espandono in continuazione i limiti del sapere umano, la Chiesa cristiana non riesce a far sì che la propria conoscenza rimanga rilevante in un mondo in costante cambiamento. Parte della sfida che il cristianesimo si trova ad affrontare nel ventunesimo secolo è che il suo sapere è fondamentalmente diverso da quello apprezzato dalla società laica. Inoltre, la cultura cristiana è in gran parte determinata dalle proprie radici storiche, mentre quella moderna si muove verso un futuro che dipende sempre meno dalle proprie.

I documenti fondanti del cristianesimo sono le Sacre Scritture e gli scritti dei primi missionari e teologi cristiani. Quando la Chiesa riflette sui propri testi sacri e sulla tradizione, comincia a farlo guardandosi indietro di migliaia di anni, fino all'antico Israele e alla formazione delle Scritture ebraiche, o quelle che noi conosciamo come Antico Testamento. Da lì, la storia cristiana si muove attraverso l'età apostolica e la formazione del Nuovo Testamento, per arrivare poi al tardo antico, al medioevo e finalmente ai tempi moderni. I testi della Chiesa sono stati redatti durante questa lunga storia e, una volta consolidata saldamente la dottrina, l'autorità ecclesiastica si è dimostrata storicamente contraria all'alterazione dei contenuti ortodossi accettati. Ciò è necessario quando si parla di rivelazione divina, poiché lo Spirito Santo rivela verità che non possono essere cambiate. Come le altre religioni maggiori al mondo, il cristianesimo si fonda sulla propria storia e aderisce saldamente ai propri testi sacri.

I testi del mondo, al contrario, siano essi scientifici, governativi o appartenenti a qualsiasi altra branca del sapere, sono soggetti a modifiche, revoche e a finire nella pattumiera della storia. Teorie, sistemi sociali, costituzioni, trattati e simili vanno e vengono. Si creano testi nuovi, mentre i vecchi subiscono modifiche o abolizioni. Libri un tempo rivoluzionari diventano obsoleti e restano inutilizzati sugli scaffali polverosi delle biblioteche. La vita va avanti, e il mondo con essa.

Questa dinamica tra il sapere in gran parte metafisico e permanente del cristianesimo e quello mutevole e perlopiù materiale del mondo laico alimenta una preoccupante sconnessione che intensifica una dissonanza culturale. La Chiesa tende ad avere una mentalità storica, a riflettere e preservare la propria tradizione cercando il proprio sapere nel passato. Essa si è dimostrata storicamente avversa al cambiamento, a volte con vigore, e non è stata pronta ad accettare l'esplosione di conoscenza cominciata con la rivoluzione scientifica e industriale. Il mondo, invece, tende a guardare in avanti. Va in cerca di nuove scoperte e tecnologie con la speranza di migliorare la vita terrena. È per questo che esso accoglie il progresso scientifico, industriale, economico e sociale, proiettandosi continuamente verso possibilità future.

Ma non è solo il suo sapere che aumenta: a incrementare è anche il tasso di crescita, che aggrava il distacco sempre più ampio tra sapere religioso e laico. Nessuno può sapere cosa porteranno al mondo la computazione quantistica, l'intelligenza artificiale, la robotica, i droni, l'esplorazione dello spazio, ma di certo non sarà niente di favorevole alla Chiesa. Mentre il sapere laico cresce in modo esponenziale, facendosi più interessante, invitante e redditizio, quello religioso resta fondamentalmente statico, dato che lascia poco spazio all'innovazione. Sebbene ci sia un margine di sviluppo nella dottrina, sono molti gli insegnamenti che non possono essere alterati senza cambiare la natura stessa del cristianesimo.

Nel bene o nel male, esso è saldamente radicato nella propria storia e a volte dominato da quest'ultima. Mentre alcuni membri della Chiesa, specialmente le autorità ecclesiastiche, conoscono a fondo la storia e la tradizione cristiane, nella società la maggior parte delle persone non legge né studia la storia, tantomeno quella della Chiesa, e dunque la conosce molto poco. La maggioranza dei cristiani ne sa persino di meno delle radici storiche d'Israele e di come si sia sviluppato il Vecchio Testamento, e ha conoscenze molto limitate anche della storia del mondo mediterraneo durante il primo secolo d.C., quando il Nuovo Testamento era in fase di scrittura. Sebbene il cristianesimo sia radicato nella storia, la maggior parte dei cristiani non è in grado di collocare la Bibbia nel suo contesto storico.

Questa spiacevole sconnessione tra la Chiesa e il mondo in materia di sapere, storia e cultura esiste all'interno della Chiesa stessa. Se volessimo documentarci a fondo sulla storia popolare della Chiesa per poi passare ai libri scritti da storiografi professionisti, scopriremmo un mondo diverso. Allo stesso modo, chi legge letteratura agiografica potrebbe sentirsi ispirato e avvicinarsi a Dio nella propria vita spirituale, ma al contempo potrebbe saperne pochissimo della storia della civiltà occidentale, proprio come chi legge le leggende arturiane potrebbe capirne molto poco della realtà del mondo medievale.

Quando la Chiesa non guarda a un'epoca passata, dimostra più considerazione per la vita eterna che per il transitorio mondo di domani. Il mondo, invece, si concentra di più sugli eventi contemporanei e sul futuro della vita terrena, persino di quella su Marte, che sull'antichità e sulla vita dopo la morte. Anche la cultura laica ha delle radici storiche, ma cerca di liberarsene per lanciarsi verso l'orizzonte apparentemente infinito delle possibilità future.

Il sapere, la storia e la cultura sono le aree chiave della sconnessione tra il cristianesimo e il mondo, ma chi sarà a prevalere? Riusciranno la cultura e la dottrina cristiane a invertire la tendenza attuale e a trionfare finalmente sul loro moderno rivale laico, oppure saranno le sempre mutevoli società odierne a persistere nell'accantonare il cristianesimo, rendendolo forse arcaico un giorno, mentre il mondo continuerà la sua implacabile marcia verso il progresso, virtualmente priva di ostacoli, proiettandosi verso un futuro di sua fattura? O magari ci sarà una via di mezzo, che ci piaccia o meno, dove il cristianesimo sopravvivrà in una Chiesa ridimensionata ma non necessariamente più pura.

Eppure, non è la prima volta che il cristianesimo si trova a un bivio. Ci si è trovato tante volte negli ultimi duemila anni ed è sempre sopravvissuto. Malgrado ci sia ragione di essere pessimisti, c'è anche motivo di sperare.

Charles Darwin scrisse: "Non è la specie più forte o la più intelligente a sopravvivere, ma quella che si adatta meglio al cambiamento". Se la Chiesa cristiana vuole sopravvivere fino al ventiduesimo secolo, resilienza e adattabilità saranno necessarie quanto forza e intelligenza. Il problema fondamentale della Chiesa nel mondo moderno è che di solito essa non è al passo coi tempi e si fa trascinare dal flusso degli eventi contemporanei verso un futuro a cui ha l'abitudine di resistere e che tende a rifiutare. Ma il tempo è un fattore essenziale adesso, e il futuro non è così lontano. Se il cristianesimo vuole prosperare, deve adattarsi e rispondere al cambiamento. Non sto esortando a un cambiamento di dottrina, ma delle modifiche in materia di predica e culto pubblico andrebbero prese in considerazione.

13

Cinque suggerimenti

I problemi non sono sconfitte e le sfide non sono fallimenti. Nessun successo in nessuna impresa, grande o piccola, è mai stato raggiunto senza risolvere problemi e superare ostacoli. Sono cose che facciamo tutti, ogni giorno della nostra vita. Il fallimento avviene solo quando siamo incapaci di risolvere i problemi, e la sconfitta solo quando ci lasciamo sopraffare dalle sfide.

I problemi che oggi si trova ad affrontare il cristianesimo non sono irrisolvibili né sono ostacoli insormontabili. Quella che sembra una debolezza può a volte essere trasformata in forza, o perlomeno in opportunità di crescita. La sfida del ventunesimo secolo sarà fare in modo che il messaggio cristiano resti rilevante in un mondo in evoluzione. Con un po' di creatività, rettitudine e disponibilità ad adattarsi, il cristianesimo può ancora prosperare.

Di seguito, offro cinque suggerimenti che miglioreranno la predicazione e il culto pubblico, aiutando ad arrestare, se non ad invertire, il declino nella partecipazione alle funzioni religiose:

1. *Il culto pubblico dovrebbe essere un momento di preghiera, non una performance.*

Il mondo offre tanti eventi, show e altre forme d'intrattenimento con cui la Chiesa non può e non deve competere. Dal canto suo, la Chiesa offre la preghiera pubblica e privata, nonché un'esperienza con Dio che porta alla salvezza, cioè qualcosa che il mondo generalmente non offre.

Le celebrazioni liturgiche festose e trionfanti, che in certi casi diventano chiassose, non sono volte alla preghiera e comunque non reggono il confronto con le celebrazioni e le festività del mondo. Il ministro di culto non dovrebbe fare da intrattenitore ma guidare nella preghiera comune, e la musica dovrebbe servire quest'ultima e non essere orientata alla performance. Nella preghiera pubblica come in quella privata, Dio dovrebbe rimanere sempre al centro dell'attenzione, e la tentazione di eclissarlo in questo Suo ruolo dovrebbe essere respinta. La Chiesa cristiana può imparare molto dal modo monastico di esercitare la preghiera comune.

2. *Nell'evangelizzazione, la chiave del successo è una migliore predicazione.*

Chi si reca in chiesa è in cerca di un contatto diretto con Dio, di un'esperienza spirituale, di qualcosa di ultraterreno che renda significativa la pratica di una religione organizzata. Una predicazione concepita per suscitare una risposta calorosa ed emotiva ma incapace di offrire stimoli intellettuali non ispira e, spesso, diviene insipida. La predicazione costruttiva è qualcosa di più dell'ennesimo, vacuo discorso incentrato su un concetto basilare della vita cristiana. Le persone vogliono creatività, originalità e contenuti intellettuali nuovi. Allo stesso modo, predicare un gergo teologico e sfornare metafore bibliche, simboli e immagini non potrà mai sostituire la conoscenza acquisita dallo studio di testi storici e biblici affidabili. In un mondo moderno fatto di idee concrete, una Chiesa fatta di segni e simboli non può aspettarsi di non perdere i suoi membri. Dobbiamo essere una Chiesa di apprendimento autentico che le persone di oggi possano trovare corroborante.

La chiave per una predicazione migliore sta nell'integrare fonti esterne alla teologia, allo studio delle Sacre Scritture e alla spiritualità cristiana. Ricorrere allo stesso stile e alle medesime formulazioni, per quanto vere e rette, produrrà lo stesso risultato di sempre. È pensiero comune che sia stato Albert Einstein ad affermare che la follia è fare la stessa cosa ancora e ancora aspettandosi un risultato diverso. Se miriamo ad avere una nuova evangelizzazione, allora dovremo provare qualcosa di diverso. Forse, Papa Francesco era dello stesso avviso quando ha scritto:

> L'omelia è la pietra di paragone per valutare la vicinanza e la capacità d'incontro di un pastore con il suo popolo. Sappiamo che i fedeli le danno molta importanza; ed essi, come gli stessi ministri ordinati, molte volte soffrono: gli uni ad ascoltare e gli altri a predicare. È triste che sia così. L'omelia può essere realmente un'intensa e felice

esperienza dello Spirito, un confortante incontro con la Parola di Dio, una fonte costante di rinnovamento e di crescita.

3. *Un discorso pubblico non deve essere lungo per essere efficace.*

Il consiglio che Franklin Delano Roosevelt diede a suo figlio riguardo al parlare in pubblico fu: "Sii sincero, sii breve, stai seduto". Il discorso di Gettysburg fatto da Lincoln fu di sole 272 parole e durò due minuti, eppure è ricordato come uno dei migliori discorsi della storia americana. Edward Everett, che lo aveva preceduto parlando per due ore, disse a Lincoln in seguito: «Vorrei potermi illudere di essermi avvicinato all'idea centrale dell'occasione, in due ore, così bene come ci sei riuscito tu in due minuti». Sia Roosevelt che Lincoln sono considerati due dei più grandi oratori della storia americana, e il loro consiglio ed esempio di brevità nei discorsi pubblici è valido oggi quanto al tempo della loro presidenza. Forse entrambi comprendevano che: "Nel molto parlare non manca la colpa, chi frena le labbra è saggio" (Proverbi 10,19).

4. *Chi predica dovrebbe leggere.*

I predicatori farebbero un atto di carità verso sé stessi e le proprie congregazioni se leggessero per un'ora al giorno e tenessero un taccuino dove annotare spunti e aneddoti da integrare nelle omelie e nei sermoni. Le congregazioni trarrebbero beneficio dalle letture dei loro pastori. Predicare la teologia, le

Sacre Scritture e la spiritualità cristiana è necessario, ma spunti e intuizioni sulla condizione umana si possono trarre anche da altre discipline. I libri scritti dagli storiografi professionisti, particolarmente quelli di autori di Oxford, Cambridge e britannici in generale, sono i più gratificanti. Chi studia la storia non guarda esclusivamente al passato, ma ha il pensiero rivolto al futuro e tende a concordare con la frase: "La storia non si ripete, ma fa rima". Ci sono altre materie che vale la pena leggere, comprese quelle che si interessano agli eventi attuali, e anche la psicologia può essere specialmente utile, sebbene ogni fonte vada scelta con cautela.

Con questo suggerimento, non intendo dire che sermoni e omelie dovrebbero parlare di storia, psicologia, attualità o altri argomenti. Dico solo che omelie e sermoni su temi cristiani dovrebbero essere influenzati e arricchiti dalle conoscenze apprese dal pastore in altre discipline, e che la dedizione a un programma di lettura migliorerebbe sostanzialmente la qualità di predicazione della Chiesa. Chi può dissentire con Sant'Ambrogio, uno dei Padri della Chiesa stessa, quando insegna: "Si riempie colui che legge molto e comprende molto. Chi si è riempito, può irrorare gli altri".

Eppure, leggere richiede tempo e, per alcuni, ciò comporterebbe un cambiamento nella propria vita. Questa è la parte difficile. È qui che dobbiamo invocare lo spirito di sacrificio del cristianesimo. Leggere per un'ora al giorno e annotare spunti è una richiesta non da poco per pastori le cui giornate sono piene di impegni ed eventi. Il ministero religioso richiede tempo, e l'attuale diminuzione delle vocazioni intensifica il problema. Tuttavia, il fardello del sacrificio non deve gravare solo sulle spalle dei ministri di culto: anche i fedeli devono fare la loro parte. I laici dovrebbero avanzare richieste ragionevoli ai loro pastori e ministri. Molti "impegni" sociali potrebbero e dovrebbero essere accantonati in favore della lettura e della crescita pastorale, riconoscendo che alcuni aspetti del "ministero" sono ridondanti e superflui. Se la Chiesa facesse lo sforzo di spiegare tutto ciò alle proprie congregazioni, la maggior parte dei fedeli praticanti si adeguerebbe, avanzando solo richieste ragionevoli ai propri pastori, nella speranza che la predicazione ne risenta in meglio.

5. *Il contenuto intellettuale dev'essere elevato.*

Una volta, un'anziana consigliò a un ministro appena ordinato: "sposta quei biscotti su uno scaffale più basso". Se ciò che intendeva era di semplificare le omelie, allora il suo non era un buon consiglio. Gli anziani, che hanno fedelmente partecipato a liturgie e funzioni per tutta la vita, dovrebbero essere esperti di insegnamenti cristiani. La semplificazione non dovrebbe essere necessaria. Il filosofo e docente universitario Immanuel Kant diede un buon esempio agli insegnanti, calibrando le sue lezioni sul livello intellettuale degli studenti medi della classe, cioè della maggior parte di essi. I più brillanti, ipotizzava, comprenderanno qualsiasi cosa gli venga insegnata, e i meno dotati non capiranno anche semplificando al massimo. In questo, c'è della saggezza che i predicatori dovrebbero cogliere.

La predica della domenica dovrebbe mirare a chi prende le decisioni in un nucleo familiare, a chi va in chiesa e porta con sé altri. Dovrebbe essere calibrata sulla capacità intellettuale media degli adulti di una congregazione. Sono questi i parrocchiani che dobbiamo conquistare e mantenere. Semplificare omelie e sermoni, a meno che non si tratti di una liturgia o una funzione per bambini, non invertirà la tendenza a non frequentare la chiesa. I bambini della congregazione la frequenteranno comunque con i propri genitori, al di là di quanto possano comprendere, e col tempo cresceranno intellettualmente.

Sono lontani i giorni in cui il prete o il ministro era la persona più colta della propria città o paese. Fino a poco tempo fa, l'alfabetismo era un privilegio riservato solo a individui fortunati con soldi e tempo libero a disposizione. Oggi, l'alfabetismo è universale e i ministri di culto sono fortunati se rientrano nel gruppo più erudito della loro parrocchia. L'egalitarismo del sapere del ventunesimo secolo sarebbe stato impensabile per le generazioni passate.

Omelie e sermoni devono essere adatti alla congregazione a cui si rivolgono e le persone, nel mondo odierno, sono intelligenti e colte. Ci vuole tempo e duro lavoro per scrivere un buon discorso pubblico. Winston Churchill ammise di aver impiegato otto ore a preparare un discorso di quarantacinque minuti al Parlamento. Ciò si traduce in ventiquattr'ore di preparazione per ogni ora di discorso pubblico. Forse questo è un obiettivo irraggiungibile per la maggior parte dei ministri, ma anche Churchill era un uomo impegnato!

~

In questa riflessione, ho offerto cinque suggerimenti significativi che, se adottati dai capi della Chiesa e promossi all'interno delle congregazioni, sarebbero ben accolti e sposati dalla maggioranza dei parrocchiani, comportando effetti benefici e di vasta portata. Gli evangelisti devono migliorare nel comunicare il messaggio cristiano a una congregazione in continua evoluzione, altrimenti la partecipazione alle funzioni nel mondo occidentale continuerà a diminuire. Per riuscirci, sarà necessario adattarsi e ricorrere a tecniche nuove.

Solo una persona forte può dimostrarsi resiliente e flessibile. Come disse una volta Churchill: "La battaglia, alla fine, dev'essere dei forti".

14

Un manuale introduttivo alla vita spirituale, Parte 3

Ad un certo punto della vita, tutti abbiamo frequentato la "scuola delle batoste". Alcuni di noi hanno avuto cura di impararne le lezioni, altri sono passati avanti prima di assorbirle. Le lezioni che si possono imparare esclusivamente alla scuola delle batoste, e da nessun'altra parte, sono molte. La saggezza, o il vivere secondo le realtà dell'esistenza, è sia una questione di sapere che di esperienza, e non tutte le esperienze possono esser fatte in una normale aula scolastica. La scuola delle batoste è un luogo di apprendimento e crescita. Dove saremmo senza di essa?

I monaci benedettini hanno un'altra scuola di apprendimento e crescita che San Benedetto chiama "la scuola del servizio divino". Anche questa non è scevra di avversità. Chi percorre il sentiero del vero discepolato frequenta entrambe le scuole, ed è lì che forma la propria integrità e santità.

Il vero discepolato, o la pratica della religione, comprende le due principali categorie di fede e moralità. La parola *fede* ha tre significati: (1) dono infuso da Dio direttamente nella nostra anima al momento del battesimo, insieme a speranza e carità; (2) virtù che, come tutte le altre, si rafforza se praticata e si atrofizza se trascurata; (3) insegnamento dottrinale, o religione in generale, come esemplificato nelle espressioni "la fede cristiana" o "praticare la propria fede".

C'è chi non ha fede, o la perde perché pensa di non avere ragioni intellettuali per credere in Dio. Queste persone dovrebbero sapere che ci sono tre cose la cui esistenza non può essere provata ricorrendo esclusivamente alla ragione: Dio, l'anima umana e la vita dopo la morte. I teologi hanno concepito "argomenti convergenti e convincenti"[2] a supporto dell'esistenza di tutte e tre le cose, ma a volte l'unico modo di credere in Dio è mettersi in ginocchio e pregare. La fede in Dio è più una questione di condurre una vita di fede, di rivolgersi a Lui e trattarlo come se esistesse, che di cercare di arrivare a una prova intellettuale della Sua esistenza.

Si sarà notato che questo breve manuale introduttivo alla vita spirituale ha una natura dualistica. In Salmi 1 si parla di due percorsi nella vita: la via dei giusti e quella dei peccatori. Se credete che questa tendenza dualistica della vita spirituale sia semplicistica, vi sbagliate. Ricordate che, di base, i computer operano su un sistema binario (1/0) e che esiste un universo di complessità che deriva da questo dualismo. Allo stesso modo, la vita spirituale può sembrare semplice, ma è in realtà molto complessa, e la vita umana

---

[2] *Catechismo della Chiesa cattolica*, n.31.

è tutt'altro che facile o semplicistica. È opinione comune che sia stato Einstein ad affermare che la definizione di genio è prendere ciò che è complesso e semplificarlo e che, se non si riesce a spiegare una cosa in termini semplici, non la si è compresa per davvero. Il sapere non deve essere astruso per essere profondo. In seguito, avrò altro da aggiungere sulla natura dualistica della vita spirituale.

In verità, il sapere della vita spirituale è la conoscenza più importante che si possa acquisire. Non servirà a pagare le bollette per la maggior parte di noi, ma ci aiuterà a ottenere la salvezza: ed esiste forse qualcosa di più importante nella vita che assicurarsi la salvezza eterna?

La scienza della vita spirituale è la scienza della salvezza. Spesso, nella nostra miopia, vediamo solo ciò che per noi è importante nella vita di tutti i giorni e, malgrado le realtà terrene abbiano un'importanza immediata, quelle eterne e spirituali dovrebbero essere più in alto nella nostra lista delle priorità. È facile perdere di vista considerazioni apparentemente remote quando ci sono così tante necessità che richiedono la nostra attenzione immediata, eppure, se è vero che passiamo anni a prepararci per il pensionamento, non dovremmo allora prepararci anche per l'eternità che durerà infinitamente più a lungo?

Le priorità della nostra vita non andrebbero mai perse di vista, perché esse hanno un effetto determinante su come ci comportiamo. Le relazioni dovrebbero essere la nostra priorità maggiore, soprattutto il rapporto con Dio. Gli psicologi ci dicono che stringere legami con gli altri ci rende felici, e dunque sembra che il bisogno di connessione sia parte della natura umana, ma lo è altrettanto la nostra inclinazione a essere religiosi, il che significa che necessitiamo di un legame con Dio anche più che con altri esseri umani. Stringere una connessione con Lui, in verità, porta alla più grande felicità possibile, nonché alla salvezza eterna. È possibile che non faremo esperienza di questa felicità nel breve termine, e la croce è sempre parte di un discepolato autentico, ma se le nostre priorità sono allineate in modo corretto, dovremmo essere pronti a ritardare la gratificazione per servire Dio e per il bene del nostro benessere eterno e di quelli che Dio ci chiama a servire.

> **Principio spirituale n.9**: Le relazioni sono la priorità più importante della vita, specialmente la nostra relazione con Dio.

Diversi santi insegnano che non c'è niente di trascurabile nella vita spirituale. Nelle nostre vite terrene, al contrario, c'è molto che è di poca importanza, persino triviale, e che non importerà nulla al momento del giudizio. Le piccole cose hanno un grande valore nella vita spirituale. I piccoli atti di carità, di perdono, di abnegazione, di gentilezza. Le piccole vittorie sul male si sommano perché le azioni formano abitudini, le abitudini formano disposizioni, le disposizioni formano il carattere e, stando al filosofo greco Eraclito, il carattere è destino. Il libero arbitrio ha una qualità autodeterminante. Siamo noi stessi a plasmare il tipo di persona che diventiamo e a partecipare alla nostra stessa formazione.

> **Principio spirituale n.10**: Non c'è niente di trascurabile nella vita spirituale.

> **Principio spirituale n.11**: Le azioni formano abitudini, le abitudini formano disposizioni, le disposizioni formano il carattere e il carattere è il destino.

L'inizio è la cosa più importante. Con questo intendo che se cominciamo col piede giusto, metà della battaglia è già vinta, ma se procrastiniamo o prendiamo scorciatoie all'inizio, saremo sempre in una posizione di svantaggio.

San Bernardo era solito dirsi regolarmente che era ora di cominciare a vivere la vita spirituale, e San Giovanni Maria Vianney ogni mattina si svegliava e diceva di dover ricominciare tutto da capo nella sua vita spirituale. Ogni giorno comincia col primo passo, e il viaggio verso il regno di Dio inizia sempre oggi, sempre nel momento presente. Jean Pierre de Caussade insegnava che ogni istante presente è un sacramento della presenza di Dio.

15

Amicizia con Dio

Nella Genesi, Dio ci dice che non è bene che una persona umana sia sola (2,18). Lo dice ad Adamo nel giardino dell'Eden prima di creare Eva come sua compagna. L'interpretazione più rigida di questo passaggio è che esso si riferisca al matrimonio tra uomo e donna, ma è possibile applicarne anche una più generica: non è bene che una persona non abbia una compagnia di qualche tipo.

Gli esseri umani sono comunitari per natura, sono creature sociali e relazionali, e sappiamo che nessuno di noi è un'isola. Alla luce di ciò, la mia interpretazione di Genesi 2,18 è che ogni essere umano dovrebbe avere almeno una persona in cui poter confidare. Questa chiave di lettura corrisponde a Giacomo 5,16 che, rivolgendosi ai membri della Chiesa primitiva, li invita a confessare "perciò i vostri peccati gli uni agli altri", non perché conoscere i peccati degli altri sia di aiuto alla comunità, ma perché confessarli fa bene a chi li ha commessi. Chiunque sia ricorso al counseling sa che il solo raccontare i propri problemi a un'altra persona ha un effetto curativo, anche nel caso in cui il counselor non possa dire o fare nulla per risolverli o per alleviare il disagio psichico. In psicologia e nella vita spirituale, parlare e raccontare corrispondono a guarire.

Volendo spingersi più in là, Genesi 2,18 può applicarsi anche all'amicizia. Non è bene che una persona non abbia amici, perché l'amicizia è un bisogno umano universale, nonché uno dei doni più preziosi. Ciò è vero anche per il Signore nella Sua natura umana, perché l'amicizia è per Lui un bisogno e un dono quanto lo è per noi.

In Siracide leggiamo:

> Un amico fedele è rifugio sicuro; chi lo trova, trova un tesoro.
> Per un amico fedele non c'è prezzo, non c'è misura per il suo valore. (6,14-15)

~

Nelle Sacre Scritture, il termine *paura* riferito a Dio indica un rispetto reverenziale che porta allo stupore e all'obbedienza. Chi teme Dio, chi lo rispetta davvero e gli obbedisce, sono di solito gli individui buoni di cuore che cercano di vivere in accordo col Vangelo. Questi obbediscono ai comandamenti, soprattutto ai due più importanti che riassumono l'intera vita cristiana. Sono persone che, fino a un certo punto, condividono la vita di Dio e la Sua santità. Chi teme il Signore trova amici veri. Di nuovo, in Siracide leggiamo:

Chi teme il Signore sa scegliere gli amici,
Come è lui, tali saranno i suoi amici. (6:17)

La seconda parte di questo versetto si riferisce all'idea che le nostre compagnie influenzano chi diventeremo (Proverbi 13,20, 1 Corinzi 15,33). Ciò sottolinea che siamo creature di natura malleabile e che veniamo plasmati per il bene o per il male da condizionamenti sociali e fattori ambientali.

La natura divina, al contrario, è immutabile, il che è un bene se consideriamo con chi si è accompagnato Gesù durante la sua vita terrena. Egli è venuto a chiamare i peccatori, non i giusti (Marco 2,17), e chiamare i peccatori vuol dire socializzare e persino formare delle amicizie con loro. In Luca, leggiamo:

> È venuto infatti Giovanni il Battista, che non mangia pane e non beve vino, e voi dite: "È indemoniato". È venuto il Figlio dell'uomo, che mangia e beve, e voi dite: "Ecco un mangione e un beone, un amico di pubblicani e di peccatori!". (7,33-34)

Gesù è amico di esattori di tasse e peccatori, ma non diventa come loro. L'amicizia che Egli estende mira a permettere loro di diventare più come lui e, prima o poi, anche di diventare santi e, se possibile, santi-eroi. Cristo offre la sua compagnia a esattori di tasse e peccatori in modo che, un giorno, essi potranno ricambiare l'amicizia di Dio.

Tutti noi siamo chiamati ad essere amici di Dio e, a ben pensarci, esiste forse vocazione o missione più alta che essere veri amici di Dio in questa vita e nella prossima?

Vera amicizia e compagnia cristiana

Virtù morale	Virtù Intellettuale
Buona volontà	Orientata ai contenuti
Carità efficace	Sostanza
Altruismo	Apprendimento
Unione condivisa	Sapere
Senso di appartenenza	Verità
Aiuto e supporto reciproco	Comprensione
Beneficenza	Saggezza
Fiducia (il fondamento di ogni	Prudenza
relazione umana)	Intelligenza

Falsa amicizia e compagnia non cristiana

Vizi morali	Vizi Intellettuali
Cattiva volontà	Futilità
Malizia	Frivolezza
Malvagità	Vacuità
Egoismo	Superficialità
Narcisismo	Insensatezza
Individualismo	Vuotezza
Antipatia	Vanità
Antagonismo	Sensualità
Isolamento	Edonismo
Solitudine	Bugie e inganni
Diffidenza	Irragionevolezza

16

Un manuale introduttivo alla vita spirituale, Parte 4

Si è versato molto inchiostro nel cercare di fornire una spiegazione adeguata all'esistenza del male nel mondo, come se riuscirci potesse alleviare almeno in parte l'ansia e il dolore che esso causa all'umanità. Nella vita spirituale, distinguiamo tra il male morale, cioè quello perpetrato da esseri razionali (umani e angeli) e che include un qualche tipo di colpa morale, e il male naturale, che si manifesta nel mondo naturale e include calamità quali uragani, tornado e vulcani. Per quest'ultimo, è la scienza che deve fornire una spiegazione. Il primo, invece, ricade nell'ambito della religione, della filosofia e della legge.

I filosofi greci del mondo antico insegnavano che il male è la mancanza di un bene che dovrebbe esserci ma è assente. Secondo la tradizione spirituale cristiana, questo bene mancante è costituito da grazia e virtù. Dunque, l'esistenza del male morale nel mondo dipende da se le persone scelgono il vizio al posto della virtù e la volontà di Dio invece della propria. La scelta individuale è parte del libero arbitrio, che permette di scegliere tra il bene e il male.

La risposta cristiana al problema dell'esistenza del male nel mondo è sempre stata che Dio ha concesso a ogni essere umano il libero arbitrio e che il male esiste perché sono le persone a sceglierlo.

La genialità, come diceva Einstein, è rendere semplici le cose complesse, eppure la risposta di cui sopra non soddisfa appieno il nostro bisogno di sapere perché esiste il male. Il libero arbitrio è una facoltà di scelta, ma non spiega né il modo in cui scegliamo né il perché delle nostre scelte. La risposta a questo dilemma è complessa e sarà per sempre oggetto di ricerche e speculazioni nelle scienze psicologiche e nella spiritualità, ma una breve spiegazione è offerta dalla teologia cristiana:

> **Principio spirituale n.12**: La volontà sceglie sempre
> il bene.

Il bene qui non è necessariamente il vero bene. L'intelletto umano individua ciò che *crede* giusto attraverso la cognizione, ma esso è incline all'errore tanto quanto la volontà umana. La distinzione qui è tra il bene autentico e il bene percepito, o quello che all'intelletto *sembra* bene ma che in realtà è pretestuoso e ingannevole. La volontà agisce sulla decisione operata dall'intelletto e sceglie sempre ciò che percepisce come bene, anche se si tratta di un bene falso. La percezione precede sempre il giudizio. Perciò, quando le persone scelgono il vizio e il male, lo fanno perché vi percepiscono del bene, anche se si tratta solo di un bene pretestuoso o egoista.

Ma come e perché si attua quest'inganno ai danni della volontà e dell'intelletto? Mentre le scienze psicologiche offrono un vasto bagaglio di conoscenze sull'argomento, dal punto di vista della vita spirituale, le motivazioni principali sono tre: (1) le passioni, (2) l'uso improprio della ragione, o la scarsa capacità decisionale, e (3) l'abitudine al peccato e all'iniquità.

La parola *passione* è definita come: (1) un forte sentimento o emozione, (2) un forte interesse o desiderio, e (3) un periodo di intensa sofferenza, di solito riferito alla Passione di Cristo ma a volte anche ai santi e a persone sante che soffrono in unione e imitazione di Gesù. Come sentimento o desiderio, le passioni sono di per sé neutre, ma possono essere indirizzate verso fini sia virtuosi che maligni. Nella letteratura spirituale cristiana, la parola *passione* è spesso usata in senso peggiorativo e indica un attaccamento inusuale a qualcosa. Un esempio del suo utilizzo nelle Sacre Scritture viene da San Paolo, quando si riferisce alle egoistiche e irragionevoli passioni e desideri della carne (Galati 5,24).

La passione dell'odio è particolarmente spinosa da comprendere. Essa funziona in coordinazione con la passione dell'amore. Quest'ultimo attira la volontà verso ciò che l'intelletto percepisce come bene, mentre l'odio provoca un'avversione verso ciò che l'intelletto percepisce come male. Cosa si intende nella Bibbia quando si legge che Dio "odia" qualcosa o quando "l'odio" o un simile sentimento viene attribuito a uno dei patriarchi, dei profeti o di altri personaggi biblici? I commenti alle Sacre Scritture definiscono la parola *odio* nella Bibbia come preferenza per una cosa piuttosto che un'altra: perciò, se in esse si legge che Dio "odia il male", l'interpretazione da adottare è che Egli preferisce il bene al male. Alcune traduzioni della Bibbia affermano che Giacobbe odiava Lia e amava Rachele, il che significa che preferiva Rachele a Lia come moglie e si mostrava più favorevole a lei dato che la amava di più (Genesi 29,30-31).

Secondo l'ermeneutica biblica, dunque, la parola *odio* nelle Sacre Scritture non è sempre usata come avviene di solito in italiano, vale a dire con una connotazione negativa e persino malevola. È vero che quando facciamo esperienza di un odio esternato, soprattutto se accompagnato dalla rabbia, esso è quasi sempre maligno, ma quando è tenuto sotto controllo e orientato al vero bene, può essere incanalato verso fini virtuosi. L'odio come passione in senso neutrale è parte costitutiva della natura umana, creato da Dio per aiutare gli esseri umani a respingere una cosa in favore di un'altra. È sconveniente e alquanto spiacevole che in italiano la stessa parola venga usata sia in riferimento alla malignità che a una componente naturale dell'essere umano.

Nel secondo senso, la parola *passione* può essere usata per indicare un forte interesse o desiderio. Posso nutrire un interesse per il calcio, cosa non moralmente discutibile, ma se il mio attaccamento a questo sport cresce così tanto da indurmi a peccare o errare, allora è diventato una passione. I giochi di fortuna non sono moralmente discutibili se praticati con moderazione e per svago, ma se la mia abitudine a scommettere diviene così radicata da sfociare nella dipendenza, allora ho sviluppato un attaccamento che può benissimo essere peccaminoso.

> **Principio spirituale n.13**: Ogni peccato implica un
> malsano attaccamento alle creature.

Il secondo motivo per cui la volontà e l'intelletto vengono ingannati (cioè l'uso improprio della ragione umana, o la scarsa capacità decisionale) ha spesso a che fare con le passioni. Nel Nuovo Testamento, leggiamo delle egoistiche e irragionevoli passioni dei desideri della carne (Galati 5,24): basta una breve riflessione e qualche prova empirica perché risulti evidente quanto gli esseri umani sappiano essere egoisti e irragionevoli.

Il terzo motivo è che l'abitudine al peccato e all'iniquità rabbuia e corrompe la mente, rendendole più difficile distinguere ciò che è davvero buono da ciò che è pretestuoso e dannoso. Il ripetersi di azioni cattive rappresenta una minaccia per la salute spirituale, perché deforma la coscienza e distorce il carattere morale. Negli Atti degli Apostoli, le squame che cadono dagli occhi di San Paolo quando Anania gli impone le mani sono segno di una cecità fisica e spirituale (Atti degli Apostoli 9,17-18). Allo stesso modo, il peccato ferisce l'anima spiritualmente, proprio come una ferita fisica può infliggersi su un corpo. Scegliere il male danneggia gli altri, ma ferisce ugualmente, se non di più, anche il peccatore.

> **Principio spirituale n.14**: Ogni ribellione porta alla
> morte. Il salario del peccato è la morte (Romani 6,23).

Il rimedio all'esistenza del male nel mondo sono l'obbedienza alla volontà di Dio, la pratica della virtù morale e intellettuale, una solida capacità decisionale, la rettitudine e il saper valutare. Alla base di una buona capacità decisionale c'è il corretto utilizzo della ragione umana.

La cultura moderna trasmette spesso messaggi che sono in conflitto con i tradizionali insegnamenti cristiani riguardo alla vita spirituale. Un esempio è l'idea che le emozioni e la sensibilità umana siano una base accettabile per prendere decisioni morali. La tradizione cristiana, invece, ne sconsiglia l'utilizzo come fondamento per tali decisioni. Essa, insieme a una breve autoriflessione, ci ricorda che, nella vita della maggior parte di noi, sono numerosi gli esempi in cui le emozioni e la sensibilità si sono dimostrate notoriamente inaffidabili.

La ragione illuminata dalla grazia è senz'altro da preferire. L'abitudine alla preghiera è di grande aiuto nel raggiungimento della grazia e un'infarinatura nello studio della logica è utile a migliorare le proprie capacità di ragionamento. Inoltre, le scienze psicologiche offrono una miriade di informazioni utili. Per esempio, i ricercatori hanno scoperto che chi è esperto nel risolvere problemi ha tre vantaggi chiave su chi è alle prime armi: (1) utilizza principi risolutivi invece di affidarsi a caratteristiche superficiali, (2) ragiona muovendosi dalle premesse alle conclusioni invece di procedere a ritroso partendo da idee preconcette, e (3) ricorre al *chunking*, cioè alla capacità della memoria di raggruppare le informazioni in blocchi.

Risulta inoltre utile distinguere tra certezza assoluta e certezza morale. C'è stato un tempo in cui gli studiosi credevano che la matematica newtoniana si applicasse a ogni cosa nell'universo, ma i matematici e i fisici del ventesimo secolo, in particolare Einstein, hanno modificato questa convinzione. Nella vita, di fatto, sono poche le cose di cui possiamo essere assolutamente certi, e l'asticella della certezza assoluta è posta molto in alto. La certezza morale, invece, è uno standard meno difficile da raggiungere. Dopo un periodo di riflessione, analisi e considerazione dei fatti, se gli elementi puntano verso una direzione, allora si può raggiungere un certo livello di certezza morale riguardo alla questione considerata. Magari non avrò la certezza assoluta, ma posso essere moralmente sicuro della verità o falsità di un'affermazione, o della correttezza o meno di un'azione.

Se applicare lo standard della certezza assoluta alla realtà fisica è difficile, allora è persino più complesso se si parla di realtà metafisica. Per avere una conversazione di carattere teologico, è necessario concordare sull'esistenza di tre cose che non possono essere provate attraverso la sola ragione umana, ma devono essere accettate con la fede: Dio, l'anima umana immortale e la vita nell'aldilà. Applicare lo standard della certezza morale a questi tre elementi è cosa molto più facile, dato che tutto nella vita mi convince della loro esistenza.

17

Il Sentiero della Vita

BelCap e TimTop erano all'inizio del Sentiero della Vita.

Avendo la stessa età, erano andati a scuola insieme, erano diventati amici, avevano giocato a baseball e football assieme e avevano fatto delle uscite di coppia a quattro al liceo.

Mentre si preparavano ad andare ognuno per la sua strada, giunsero a un bivio nel percorso. Sulla sinistra videro un ampio sentiero pieno di fiori, arbusti ornamentali e alberi da frutto. Un cartello all'inizio del sentiero diceva "Agio e Comodità". Su un altro si leggeva "Delizia per gli Occhi". Un terzo proclamava "La Via è Ampia e Angusta".

BelCap si interrogò sul significato del terzo cartello.

C'era un uomo all'entrata del sentiero sulla sinistra. Era bello, una di quelle persone fascinose, indossava un completo elegante con una cravatta scarlatta e un garofano color cremisi sul bavero. Sorrideva con fare accogliente. Si chiamava Abaddon.

Sulla destra, c'era un cancello stretto. Su di esso dei cartelli dicevano "Cristo" e "Vero Discepolato". Al lato, c'era un uomo con addosso una veste logora e consunta. Aveva i capelli scompigliati, la barba incolta. Ai piedi portava dei sandali e sembrava il tipo di persona che chiede denaro ai viandanti, uno sfortunato con poco da offrire.

TimTop si chiese chi fosse l'uomo al cancello.

BelCap si girò verso TimTop e gli augurò buon viaggio. Si dissero che si sarebbero rivisti, un giorno.

BelCap si voltò a sinistra e l'uomo Abaddon fece un sorriso ancora più ampio. BelCap si avviò verso il sentiero e notò che era largo e pianeggiante, facile da percorrere. Delle pietre di granito lo delimitavano su entrambi i lati e l'erba attorno alle lastre della pavimentazione era tagliata. Gli alberi offrivano frutti a portata di braccio che sembravano buoni da mangiare. BelCap era sicuro di aver scelto bene.

TimTop si avvicinò all'uomo dalla veste lacera e polverosa e si chiese se gli avrebbe chiesto dei soldi. L'uomo aveva l'aspetto e l'odore di chi ha affrontato un lungo viaggio. Sporco all'apparenza, sembrava aver bisogno di un buon pasto e di un luogo dove dormire. Mentre TimTop si avvicinava, l'uomo sbloccò il cancello e lo aprì. Senza dire una parola, TimTop lo attraversò ritrovandosi su un sentiero angusto.

Proseguendo nel suo viaggio, BelCap cominciò a vedere cartelli simili a quelli incontrati al bivio. Alcuni avevano delle frecce che puntavano a destra o sinistra, altri no. Dicevano "Accidia", "Invidia", "Superbia" e "Lussuria". Lui li ignorò e proseguì.

Avanzando sul sentiero angusto, anche TimTop cominciò a vedere dei cartelli. Su di essi si leggeva: "Fatica", "Avversità", "Pazienza" e "Buona Volontà". Chiedendosi se avesse fatto la scelta giusta, pensò a BelCap e si domandò come se la stesse passando. Più in là sul sentiero, TimTop scorse altri cartelli che dicevano "Fede", "Speranza" e "Prudenza". Sentendosi in qualche modo rincuorato, decise di continuare e si chiese se l'uomo dalle vesti logore fosse ancora in attesa davanti al cancello.

I mesi diventarono anni e BelCap superò diverse tappe fondamentali della vita. Si sposò e mise su famiglia. Lungo il sentiero, dei cartelli dicevano "Avarizia", "Superficialità", "Frivolezza", "Vanità". BelCap si ricordò di aver commesso qualche errore di tanto in tanto lungo il percorso, e c'era stata quella breve scappatella con quella ragazza prima che si trasferisse fuori città, ma nel complesso BelCap era benvoluto da chi gli stava attorno e faceva una bella vita.

Anche TimTop si sposò, e trovò un lavoro utile. Il sentiero che aveva scelto si faceva più stretto a volte. In diversi punti superò cartelli che dicevano "Sofferenze prolungate", "Sopportazione paziente", "Giustizia" e "Forza d'animo". Passò anche un cartello che diceva "Via della Croce". Non dimenticò mai l'uomo dalle vesti logore.

Passarono molti anni e i figli di BelCap crebbero e andarono via di casa. Lui era ancora sposato, ma il suo era un matrimonio infelice. Lungo il sentiero, BelCap incontrò dei cartelli che dicevano "Avarizia", "Ira" e "Gola". Si ricordò di alcune occasioni in cui si era adirato in modo eccessivo con la moglie e i figli. Aveva mangiato e bevuto troppo, e si vedeva. A un certo punto, BelCap aveva anche rubato al suo datore di lavoro — piccole somme di cui era difficile accorgersi. Poi aveva avuto la sensazione che i colleghi sospettassero qualcosa, allora si era candidato per un altro lavoro ed era stato assunto. Mentre avanzava sul sentiero, BelCap notò che gli alberi offrivano sempre meno frutti, finché sui rami non rimasero solo le foglie. I fiori che un tempo avevano ricoperto il sentiero erano spariti da un pezzo, e a terra, dove una volta cresceva l'erba, giacevano foglie cadute e altri segni dell'autunno. Le lastre della pavimentazione erano sparite ed era più facile deviare dal sentiero. BelCap lo faceva a volte, e poi vi tornava amareggiato.

Anche i figli di TimTop erano cresciuti ed erano andati via di casa per mettere su famiglia. Il suo sentiero lo condusse in un'area desertica contrassegnata da cartelli che dicevano "Abnegazione", "Santa Croce", "Purificazione" e "Sobrietà". A volte, TimTop si sentiva avvilito, specialmente quando sui cartelli leggeva "Tribolazioni" e "Difficoltà", ma c'erano volte in cui si rincuorava incontrandone altri che annunciavano "Ricompensa", "Appagamento" e "Soddisfazione". TimTop non si pentì mai di aver scelto quel sentiero.

In età avanzata, BelCap godette di una certa ricchezza, ma il sentiero che percorreva si fece più desolato e angusto. In inverno, gli alberi perdevano le foglie, e in qualche occasione gli parve di scorgere quella che sembrava una locusta. Di tanto in tanto, notava uno scorpione sul sentiero e si premurava di stargli alla larga. Le poche lumache e chiocciole che incontrava, le calpestava. Sui cartelli leggeva "Egoismo", "Arroganza", "Narcisismo". A un certo punto del percorso, BelCap costeggiò un burrone con un cartello che diceva "Lordare" e lo evitò a malapena.

TimTop andò in pensione, invecchiando a poco a poco. Ripensando alla sua vita, si ricordò di aver superato momenti di "Umiliazione" e "Sacrificio", "Fiducia in Dio" e "Autocontrollo". Lui e sua moglie erano ancora felicemente sposati e davano una mano a crescere i nipoti. In questo momento della sua vita, i cartelli sul sentiero di TimTop dicevano "Servizio", "Benevolenza", "Luci" e "Consigli". Non si guardò mai indietro serbando rimpianti.

Avvicinandosi alla fine della sua vita terrena, BelCap si imbatté in un uomo che se ne stava in piedi accanto a un cancello. Ce n'era anche un altro sul sentiero, circa sei metri prima, e al suo fianco un cartello diceva "Manipolazione e Inganno". Entrambi gli uomini indossavano delle vesti sporche. Accanto al cancello, si leggeva "Terra della Desolazione". L'uomo al cancello abbozzò un sorriso e guardò BelCap con aria truce. Il suo nome era Apollion. Malgrado questi presagi, BelCap provò un senso di calma, del genere che si prova quando c'è una tempesta all'orizzonte. Sapeva che il suo tempo era giunto.

L'uomo chiamato Apollion non aprì il cancello. Non era suo compito. Lui e BelCap restarono in attesa per un momento mentre l'altro uomo li guardava. Il cancello si aprì da solo e BelCap lo attraversò. Passando davanti all'uomo chiamato Apollion, percepì un leggero olezzo che gli ricordò quello di un rettile o di un sacco di tarme della farina. Apollion sorrise.

Anche TimTop si avvicinava alla fine della sua vita e oltrepassò cartelli che dicevano "Carità" e "Virtù". Si imbatté in un uomo accanto a un cartello su cui si leggeva "Guardiano e Guida". TimTop si sentì confortato. Più in là, ne scorse un altro che diceva "La Terra dei Vivi".

TimTop sapeva che il viaggio della sua vita stava volgendo al termine e, mentre sopportava la sua ultima malattia, vide dei cartelli con su scritto "Tolleranza" e "Sopportazione". L'ultimo che ricordava di aver visto prima di addormentarsi diceva "Carità Perfetta".

Quando attraversò il cancello, BelCap perse conoscenza. Al risveglio, fu accecato da un'oscurità così assoluta che fu come se non avesse mai posseduto il senso della vista in vita sua. Era un'oscurità più buia di qualsiasi cielo notturno, la completa assenza di luce o di qualunque altra cosa. Alle sue spalle, BelCap sentì una voce profonda e rauca, chiara e minacciosa... «Uh, uh, uh, uh, uh...». Davanti a sé, BelCap percepì che qualcosa lo stava osservando, ma non ne era sicuro. All'improvviso, il pavimento sembrò sparire sotto i suoi piedi e BelCap si sentì precipitare come in una voragine. L'ultima cosa che ricordava di aver urlato era: «VOGLIO VIVERE! VOGLIO VIVERE!!»

Quando si svegliò, TimTop era in un giardino pieno dei fiori più belli che avesse mai visto. Nella sua mente, balenarono tutte le scene della sua vita. Davanti a lui, dall'altra parte del giardino, c'era un Essere di Luce da cui emanavano calore e benevolenza. TimTop si sentì accolto, come se in quel momento fosse proprio lì che doveva trovarsi, come se l'Essere di Luce lo stesse aspettando da tanto tempo. TimTop capì che era giunto il momento del giudizio...

Nessuno dei due parlò ad alta voce, ma TimTop si rese conto che l'Essere di Luce gli stava facendo una domanda. Non era una domanda udibile, era più simile a una sensazione che lo pervase nella sua intera essenza. Era l'unica cosa a cui riusciva a pensare in quel momento:

«Cos'hai fatto con l'Amore che ti ho dato?»

Mentre rivedeva i momenti della sua vita nella mente, TimTop rifletté per un momento. Con un po' di dispiacere ed esitazione, si accinse a parlare ma, prima che ci riuscisse, una voce da dentro il suo petto, forte e chiara come se venisse dal profondo del suo essere, disse:

«Ho fatto il meglio che potevo».

Una mappa spirituale

18

Il principio B.A.

Un principio utile in teologia e nella vita spirituale è quello che io chiamo il Principio B.A., dall'inglese "Both–And", ovvero "Sia–Sia", anche conosciuto come il principio "But–Also", traducibile in "Ma–Anche". Esso permette di far convivere all'interno del proprio pensiero due aspetti apparentemente inconciliabili e persino contraddittori di una realtà fisica o metafisica. Per un suo felice utilizzo, risulta fondamentale ricorrere a equilibrio e buona volontà nell'interpretazione.

Il principio B.A. è relativo, ma non limitato, alla seguente dottrina cristiana:

a) La Santissima Trinità è formata da tre Persone divine e un Dio.
b) Dio è *sia* tre *sia* uno.
c) Dio è tre, *ma è anche* uno.

. . .

a) Gesù Cristo è una Persona divina dalla doppia natura, una divina e una umana.

b) La Persona divina di Gesù Cristo possiede *sia* una natura divina *sia* una natura umana.

c) La Persona di Cristo ha una natura divina, *ma* ha *anche* una natura umana.

. . .

a) La Chiesa cristiana è di questo mondo e del prossimo.

b) La Chiesa è *sia* temporale e terrena *sia* spirituale, celestiale ed eterna.

c) La Chiesa è temporale e terrena, *ma* è *anche* spirituale, celestiale ed eterna.

. . .

a) La Chiesa è umana e divina.

b) La Chiesa ha *sia* un elemento umano *sia* un elemento divino.

c) La Chiesa è umana, *ma* è *anche* divina.

. . .

a) C'è mondanità e divisione all'interno della Chiesa, eppure ci sono anche santità e unità.

b) La Chiesa è *sia* mondana e divisa *sia*, al contempo, santa e una.

c) La Chiesa è mondana e divisa, *ma* in essa ci sono *anche* santità e unità.

. . .

a) Le Sacre Scritture sono la Parola di Dio in parole umane.

b) Le Sacre Scritture sono *sia* la Parola ispirata di Dio *sia* una raccolta di documenti storici.

c) Le Sacre Scritture sono ispirate, *ma* sono *anche* un insieme di scritti umani redatti nel corso di secoli con grande sforzo e ingegno umano.

. . .

a) La persona umana è corpo e anima.

b) La persona umana è composta *sia* dal principio spirituale che chiamiamo anima *sia* dalla sostanza corporea che chiamiamo corpo.

c) La persona umana ha un corpo, *ma* ha *anche* un'anima.

. . .

a) La persona umana è mortale ed eterna.

b) La persona umana è *sia* mortale in questa vita *sia* eterna nella prossima.

c) Gli esseri umani sono mortali, *ma* sono *anche* eterni.

. . .

Uno dei modi in cui l'eresia si è fatta largo nella Chiesa è la sua propensione a enfatizzare la verità di un aspetto relativo a una realtà fisica o metafisica a discapito della verità di un altro. Esistono senza dubbio dei gradi d'importanza tra le due metà del principio B.A. (per esempio, la divinità è più importante dell'umanità), ma entrambe restano comunque vere.

Un'immagine che qui risulta utile adottare è quella di un'altalena basculante. Una delle cose più importanti nella vita è l'equilibrio, e ancor di più lo è la buona volontà. Cerchiamo di tenere l'altalena in equilibrio malgrado esistano diversi gradi di importanza, e usiamo la nostra buona volontà per interpretare non secondo il nostro volere e le nostre preferenze, ma in accordo con la dottrina cristiana accettata.

19

Movimenti binari e decisioni

Come detto in precedenza, la decisione binaria che ogni computer effettua nel suo nucleo interno è una scelta tra 1 e 0. Tutti i calcoli eseguiti dai computer nascono da questa decisione fondamentale.

Anche gli esseri umani hanno un nucleo: lo chiamiamo *cuore*. È il centro del nostro essere, il livello più profondo del nostro essere umani. Le persone, tuttavia, non sono computer e, malgrado il vasto potere computazionale delle macchine moderne e il loro potenziale quasi infinito, i computer non possiederanno mai un cuore e uno spirito. Noi siamo più che una scelta binaria, e la grazia non è impartita ai computer. Per certi versi, ma non per tutti, questi ultimi sono più complicati degli umani. I computer hanno una loro forma di complessità, proprio come gli esseri umani, che possiedono le facoltà della volontà e dell'intelletto: queste ci rendono complessi in modi che i computer non conosceranno mai, nonostante l'attuale dibattito sulla possibilità o meno che essi arrivino un giorno a essere coscienti.

Proprio come ogni analogia o metafora fallisce, il tentativo di accostare la persona umana a un meccanismo binario e di ridurre a quest'ultimo i suoi movimenti spirituali e le decisioni razionali fallirà allo stesso modo. Ciononostante, malgrado Salmi 1 sia una semplificazione — sono due le vie che una persona può scegliere, quella dei giusti e quella dei peccatori, e sono due le destinazioni finali ed eterne, il paradiso e l'inferno —, essa è comunque vera e utile. Allo stesso modo, il cuore, la mente e la volontà umane, per quanto irriducibili, sono importanti oggetti di studio nella vita spirituale e risulta utile illustrarne gli aspetti binari, anche se farlo è una semplificazione. Einstein, che comprendeva le complessità della matematica meglio di chiunque, diceva che se non sappiamo spiegare una cosa in modo semplice, allora non l'abbiamo capita davvero.

Primo movimento spirituale del cuore umano

Il primo movimento del cuore umano è sempre l'amore, che in italiano è una parola ambigua e variabile. Un *movimento* spirituale è cosa diversa da una *decisione* conscia e razionale presa attraverso un ragionamento deduttivo e intuitivo. Il primo movimento d'amore è un movimento o impulso spirituale che scaturisce dentro di noi e non è completamente sotto il nostro controllo conscio né soggetto a un immediato processo decisionale. Dopo che si è manifestato, tuttavia, possiamo reagire a questo movimento o impulso tramite azioni interiori o esteriori e, nel corso del tempo, esso potrebbe rafforzarsi o affievolirsi. Anche la grazia potrebbe influenzarlo, ma sempre con lo scopo di avvicinarci a Dio e di aiutarci a ottenere la salvezza. *Formazione* è il termine che usiamo per definire il processo continuo che avviene nel corso del tempo e in cui le nostre azioni, interiori ed esteriori, interagiscono con la grazia divina, se effettivamente impartita.

L'amore spirituale si protende sempre oltre sé stesso e verso un oggetto al di fuori di sé. Preferisce e sceglie un oggetto che chiamiamo il bene, sia quest'ultimo reale (vero, effettivo) o percepito (immaginario, falso). Il nostro cuore ama spiritualmente ciò che identifica come bene e odia ciò che indentifica come male, cattivo, inferiore o, in qualche modo, manchevole.

Le parole *amore*, *odio*, *bene* e *male* fanno però sorgere un problema, in quanto relative e ambigue nel significato. Alcune traduzioni della Bibbia usano la parola *odio* quando un altro termine o un'altra frase sarebbero più indicati, ma gli editori vogliono che le loro traduzioni siano eleganti e preferiscono evitare parole o locuzioni che suonino goffe, innaturali o non di uso comune. Dato che l'eleganza non è la mia priorità assoluta, posso permettermi il lusso di usare altri termini ed evitare le connotazioni negative associate alla parola *odio*.

Primo movimento binario del cuore umano

Amore	Odio
Affetto	Disaffezione
Attrazione	Repulsione
Propensione	Riluttanza
Preferenza	Avversione
Predilezione	Non-amore

È importante osservare che il primo movimento del cuore umano è incostante, variabile, mutevole, persino capriccioso, e che a volte ci sorprende. Riflettiamo di rado sull'impulso immediato nel momento in cui esso si manifesta, ma quell'impulso rimane comunque disponibile all'introspezione. Eppure, di solito ci limitiamo a reagire e passiamo oltre.

Il nostro cuore ha una mente tutta sua, per così dire, e non possiamo cambiarlo da un giorno all'altro, né tramite un semplice atto di volontà né attraverso il ragionamento. Alcuni impulsi e desideri sono particolarmente difficili da superare, come quando amiamo qualcuno che non ci ricambia o desideriamo qualcosa che non possiamo avere. Se l'impulso è forte a sufficienza, possiamo arrivare a sentirci demoralizzati, tristi, invidiosi, e a volte reagiamo in modo non amorevole e persino odioso.

Secondo movimento spirituale del cuore umano

Il secondo movimento del cuore umano è quello tra interesse e disinteresse. Quando guardiamo dentro noi stessi, scopriamo che siamo interessati a una certa cosa o disinteressati nei confronti di un'altra. Non sto affermando che questo secondo movimento segua cronologicamente il primo, o che la volontà e l'intelletto non svolgano alcun ruolo in ciò che ci interessa o meno. Dico solo che il secondo movimento procede insieme o segue il primo e che nasce nel nostro profondo.

L'impulso naturale dell'interesse e del disinteresse ha una natura spontanea. Non siamo sempre in grado di determinare cosa ci interessa e cosa no. Scopriamo che questo movimento è automatico più che volontario. Incontriamo persone che suscitano subito il nostro interesse e altre che ci riescono a stento o per niente. C'è chi scopre da giovane di essere interessato a un certo lavoro o campo di studio, anche se non è in grado di spiegare il perché.

Nel corso della vita, ci accorgiamo che i nostri interessi e disinteressi cambiano forma e intensità. A volte perdiamo interesse in qualcosa che un tempo ci affascinava e altre ci interessiamo a qualcosa che in passato ci annoiava. Scopriamo che certi interessi si fanno più profondi e forti nel corso del tempo, mentre il disinteresse in questo o quell'ambito si trasforma in avversione. Tutto ciò avviene in un modo che è in parte fuori dal nostro controllo. Il cuore ha una mente tutta sua.

Terzo movimento spirituale del cuore umano

Il terzo movimento del cuore umano, che si accompagna ai primi due, è quello tra l'accettazione/approvazione e il rifiuto/disapprovazione. Come gli altri due, questo movimento è al contempo potente e potenzialmente pericoloso. L'oggetto ultimo del nostro amore dev'essere sempre Dio, dato che è così che Egli ha progettato la nostra natura, e ogni peccato comporta un malsano attaccamento alle creature. Ciò dev'essere accettato *a priori* e richiede, da parte nostra, che amiamo e accettiamo quello che ci arriva da Dio, e che disapproviamo e rifiutiamo ciò che è contrario alla Sua volontà.

È per questo che la preghiera, l'introspezione e il condurre una vita spirituale sono elementi necessari per la crescita spirituale e la salvezza. Se guardiamo dentro di noi e scopriamo movimenti o, Dio non voglia, disposizioni abituali contrarie al nostro bene ultimo, allora dobbiamo contrastarle con decisioni consce e azioni del nostro libero arbitrio. Se scopriamo che il nostro cuore è allineato col bene ultimo, possiamo considerare questa circostanza un'opera di grazia e ritenerla un'immensa benedizione. In caso contrario, dobbiamo rimboccarci le maniche.

Tutto questo per dire che non è ciò che viene dal nostro cuore a predeterminarci. La volontà e l'intelletto giocano sempre la loro parte per la maggioranza di noi, e restiamo liberi anche se siamo una sorta di mistero per noi stessi. Le azioni creano abitudini e le abitudini creano disposizioni. Possiamo dare un apporto alla formazione del nostro essere più profondo e non siamo determinati dai movimenti che scaturiscono dal cuore, sebbene non possiamo sfuggirgli. Ciò che facciamo in risposta a questi movimenti, tuttavia, è una reazione che può affermarli o negarli.

Decisione binaria della volontà aiutata dall'intelletto

La volontà opera su basi più consce e razionali rispetto all'amore spirituale che nasce dal cuore, ma ha anch'essa una caratteristica binaria. La volontà sceglie sempre il bene e rifiuta il male. Anche se il processo decisionale è più consapevole e deliberato dei movimenti spirituali del cuore, il nostro potere di scegliere il bene non è né assoluto né mai completamente insufficiente, tranne forse che per gli infermi di mente. La libertà è definita come il potere di scegliere il bene, ma noi siamo liberi solo in misura maggiore o minore. Più siamo virtuosi, più siamo liberi di scegliere il vero bene. Più siamo abituati al vizio, meno potere abbiamo di scegliere il vero bene.

La cattiva volontà è la dimostrazione del potere di scegliere il falso bene, che resta comunque un potere. Gli esseri umani hanno un bisogno innato di esercitare una qualche forma di potere e chi esercita la propria cattiva volontà soddisfa questo bisogno in un modo che è dannoso per la propria persona e per gli altri. È tanto il male che si compie in questo mondo a causa della cattiva volontà ed è impossibile negarne il potere. La buona volontà, d'altro canto, è spesso associata alla debolezza perché chi la pratica limita o rifiuta la possibilità di ferire gli altri, pur restando soggetto alla cattiva volontà. Questa situazione, tuttavia, è limitata al mondo terreno, ma c'è sempre un futuro, e il futuro è eterno. E c'è un Dio che ricompensa e punisce.

Decisione binaria della volontà

Amore	Odio
Buona volontà	Cattiva volontà
Beneficenza	Malvagità
Altruismo	Egocentrismo
Carità	Egoismo
Virtù	Vizio

Il principio fondamentale della storia nella sua interezza è il conflitto tra il bene e il male, e la decisione più importante e perenne che effettuiamo nel corso delle nostre vite è scegliere tra il bene e il male, tra la buona e la cattiva volontà. Ogni interazione umana, la società e la storia sono influenzate e plasmate da questa decisione binaria, in una maniera analoga ai calcoli operati dai computer, che derivano da una scelta tra 1 e 0. Una vita di buona volontà condurrà prima o poi a una miriade di 1, che chiamiamo merito. Una vita di cattiva volontà condurrà prima o poi a una bancarotta di 0. Quando finalmente raggiungeremo il nostro giudizio individuale, alla fine della vita mortale, vedremo l'accredito accumulato con la nostra buona volontà e il debito contratto con quella cattiva.

Le relazioni sono la priorità più importante nella vita. Quelle che incoraggiano affetto reciproco, interesse, accettazione e buona volontà sopravvivono e maturano in amicizie significative e solidali e in conoscenze benevole. Quelle in cui invece prosperano disaffezione, disinteresse, rifiuto e cattiva volontà si trasformano inevitabilmente in conflitti e inimicizie. Chi è stato in prigione dice che non esistono amici dietro le sbarre. Che ragione abbiamo di credere che ne esistano all'inferno?

20

Sacre Scritture e storia

Apprendere la storia dalla Bibbia richiede cautela tanto quanto apprendere da essa la scienza. Le Sacre Scritture sono una raccolta di documenti storici e molti dei libri che le compongono fungono da inestimabili fonti storiche per ricerche e studi professionali, eppure, nonostante descrivano una cosmologia antica, esse non sono un libro di storia nell'accezione comune del termine.

Le nostre fonti storiche (ovvero i documenti scritti esistenti) sono notoriamente inaffidabili in materia di fatti. Ciò è vero non solo per i documenti antichi, ma anche per quelli risalenti al periodo medievale o alla prima età moderna. Per essere interpretati correttamente, così come qualsiasi altra fonte storica, i libri della Bibbia devono essere confrontati con altri documenti contemporanei o quasi contemporanei, che spesso restituiscono una rappresentazione diversa degli eventi. Da prendere in considerazione sono anche le scoperte archeologiche e antropologiche, la dottrina teologica, le congetture ragionevoli, le supposizioni degli storici e il buonsenso.

Altrettanta cautela è necessaria nell'interpretare le Sacre Scritture alla lettera, proprio come lo è nell'interpretare letteralmente altri scritti antichi. È vero che la Bibbia è in una categoria tutta sua in fatto di ispirazione divina, ma sotto altri aspetti non è tanto diversa da altri documenti antichi. Come questi ultimi, essa è stata scritta da autori umani e, come qualsiasi popolo dell'antichità, gli antichi ebrei che stilarono il Vecchio Testamento e gli ebrei cristiani che scrissero il Nuovo avevano uno scopo di cui dobbiamo essere consapevoli quando, oggi, ci apprestiamo a leggerla. Tale cautela richiede studio.

Non sempre gli autori antichi miravano a fornire resoconti di avvenimenti basati sui fatti: molti dei loro scritti erano tutt'altro che veritieri. Le civiltà antiche producevano opere di fantasia letteraria proprio come quelle moderne. E anche quando cercavano di riportare gli avvenimenti in modo accurato, i fatti venivano spesso mischiati all'invenzione:

- Gli Israeliti, i Greci, i Romani e gli altri popoli dell'antichità inventavano storie, leggende e miti per darsi un'identità comune, spiegare le proprie origini e il motivo dell'esistenza delle rispettive tribù, città-stato, regni, imperi, ecc. La narrazione pubblica fungeva anche da forma di intrattenimento, proprio come per noi lo sono i teatri, la televisione e la radio.

- Omero (se esisteva un Omero) scrisse l'*Iliade* e l'*Odissea* per raccontare le origini e gli albori della storia del popolo greco, ma nessuno crede che i suoi racconti siano storia vera e propria, anche se potrebbero basarsi su eventi storici reali. Riconosciamo queste storie come miti trasmessi oralmente di generazione in generazione, versioni mutabili recitate attorno a un fuoco o nei teatri all'aperto, finché qualcuno alla fine non le ha messe nero su bianco. È un processo che è durato per generazioni e la storia è stata sicuramente cambiata e abbellita chissà quante volte. Nessuno ritiene che si tratti di fatti storici, è solo letteratura con uno scopo.

- I Greci avevano il loro pantheon di dei per spiegare quei fenomeni naturali per cui noi abbiamo spiegazioni scientifiche. Nessuno crede che quelle storie siano davvero accadute, e persino a quei tempi gli scettici e gli atei non mancavano affatto (si pensi a Platone, Aristotele e ad altri filosofi greci).

- Anche le Sacre Scritture nascono come tradizione orale trasmessa e modificata di generazione in generazione, finché gli scribi non la misero per iscritto. Quei papiri o pergamene furono tramandati e copiati (con errori, revisioni, aggiunte, eliminazioni, abbellimenti, ecc.) finché non divennero così vecchi da sgretolarsi o marcire, e allora vennero redatte copie nuove (prendendosi delle libertà), tanto che non abbiamo copie originali di nessuno dei libri della Bibbia, nonostante ci rimangano le fonti antiche (la Bibbia ebraica, i Manoscritti del Mar Morto, gli scritti del Nuovo Testamento). Il miracolo della grazia è che, attraverso tutto questo processo, Dio ha ispirato, istruito e guidato quegli scribi, trasmettendo verità che portano alla salvezza. L'ispirazione di Dio è il lievito della verità e la Parola di Dio è nelle Sacre Scritture come in nessun'altra forma di letteratura, antica o moderna. Ciononostante, questi documenti restano comunque degli scritti umani (vedi il Principio B.A.).

- Virgilio scrisse l'*Eneide* durante il regno di Augusto per raccontare le origini di Roma e inventò una storia in cui la città di Troia portava alla nascita della città di Roma, ma nessuno crede davvero a questa versione. Persino ai tempi dei Romani, era chiaro a tutti che essa fosse un'opera letteraria ben scritta, una storia identitaria e delle origini molto più grandiosa di quella di un'insignificante tribù latina emersa dalle sponde paludose del Tevere.

- *Beowulf* è stato scritto durante il Medioevo come storia eroica che forniva al popolo dell'Inghilterra anglosassone il racconto epico di un eroe in grado di restituire un senso di identità e storia. È probabile che anch'esso si sia sviluppato come tradizione orale per poi essere messo nero su bianco. Nessuno crede che questo poema sia storicamente veritiero, ma ebbe uno scopo importante per gli Anglosassoni che, come tutti gli esseri umani, sentivano il bisogno di avere un'identità radicata nel passato.

- Gli Scandinavi crearono la mitologia nordica, ma nessuno crede che si tratti di storia: è semplicemente letteratura con uno scopo.

- I racconti originali di re Artù e dei cavalieri della tavola rotonda sono buona letteratura (se le leggende arturiane sono di vostro gradimento) e raccontano di un re e di un regno medievale quasi ideali, ma nessuno crede che si tratti di eventi davvero accaduti: è solo un bel racconto, scritto per illustrare il modo in cui un re e i suoi nobili dovrebbero comportarsi in una società medievale ideale, malgrado i difetti morali di alcuni suoi membri.

Esito a includere le Sacre Scritture nella lista qui sopra, perché esse appartengono davvero a una categoria tutta loro in quanto "Parola di Dio in parole umane", ma è importante tenere a mente che, in origine, la Bibbia è stata scritta per le antiche tribù semitiche, a volte nomadi, la cui visione del mondo e la cui forma di governo erano di tipo teocratico. Questi scritti sacri fornivano un'identità religiosa e politica comune e fungevano da mezzo di salvezza per un popolo che viveva in un'epoca pericolosa e imprevedibile — "Dio mi/ci salverà, in qualche modo". L'idea di salvezza che abbiamo oggi, tuttavia, ha impiegato secoli a svilupparsi. L'antica credenza in Ade è stata abbandonata da un pezzo e, persino ai tempi di Gesù, i Sadducei non credevano nella Resurrezione.

Se si vuole credere in modo letterale alla storia della creazione descritta nella Genesi, si è liberi di farlo, ma la scienza ha dimostrato che le cose sono andate in modo diverso. Se si vuole credere a tutta la storia dell'Esodo, si è liberi di farlo, ma ci sono altre teorie che spiegano com'è avvenuta la migrazione dall'Egitto. Se si vuole credere ai miracoli e alle piaghe di Mosè e Aronne, si è liberi di farlo, ma lo studio della storia ci dice che Dio non ha compiuto miracoli così plateali durante altri periodi storici, neppure per gli Ebrei mentre venivano perseguitati per secoli.

Il Nuovo Testamento è considerato storicamente più affidabile del Vecchio, in quanto scritto nel primo secolo d.C. Ciononostante, per tutti i suoi aspetti storici, anch'esso dev'essere interpretato in modo professionale, sfruttando gli stessi principi ermeneutici che si adottano per il Vecchio Testamento. (Per una buona fonte di principi ermeneutici, si consulti il *Nuovo Grande Commentario Biblico*). È importante che chi non possiede le giuste conoscenze, piuttosto che basarsi sulle proprie opinioni e su interpretazioni soggettive, si affidi al lavoro degli studiosi e dei commentatori biblici che trascorrono un'intera vita accademica e religiosa a studiare questi documenti antichi. Anche per quanto riguarda la spiritualità nella Bibbia, è raccomandabile lasciarne l'interpretazione ai ben informati.

~

Per riassumere, i punti salienti sono:

(1) Sempre in materia di Sacre Scritture, i due principi cardine da ricordare sono: (a) l'interpretazione è fondamentale, e (b) ogni traduzione è un'interpretazione.

(2) Le Sacre Scritture non sono un libro di storia o di scienza, né di psicologia, letteratura o di qualsivoglia altro genere propriamente inquadrato in qualsiasi altro ambito accademico,

se non quello dello studio delle Scritture, della teologia e della religione.

(3) La Bibbia è una biblioteca di libri che ci insegnano verità spirituali che portano alla salvezza. Alcuni di essi sono opere di fantasia (Libro di Giobbe, di Tobia, di Esther), sebbene anche questa possa insegnare delle verità. Altri sono più simili a saggi (il Vangelo, gli scritti del Nuovo Testamento), ma è sempre necessaria cautela nell'interpretarli letteralmente. Uno scritto non di narrativa può non essere interamente basato sui fatti, proprio come un'opera di fantasia può non essere completamente inventata.

(4) Oggi usiamo le Sacre Scritture in modo diverso dagli antichi. Per noi sono una fonte storica del nostro retaggio giudeo-cristiano, e fungono da guida per la salvezza che necessita di una corretta interpretazione. Gli Ebrei del Vecchio Testamento erano alla ricerca della salvezza, ma il loro modo di concepirla differiva da quello degli ebrei cristiani del Nuovo Testamento, e la dottrina ha continuato a svilupparsi dal primo secolo d.C.

~

Niente di quanto detto finora deve deludere nessuno. Gli autori delle Sacre Scritture erano, prima di tutto, esseri umani che conducevano vite umane, ed è molto improbabile che essi abbiano fatto esperienze di fenomeni soprannaturali diverse da quelle che facciamo noi. Credere nella Bibbia come fonte storica letterale non intaccherà le vostre possibilità di salvezza, ma è ragionevole presumere che Dio si sia relazionato con i popoli di ogni epoca nello stesso modo in cui lo fa con noi. Si può affermare con certezza quasi assoluta che il Mar Rosso non si sia aperto in due come mostrato nel film *I dieci comandamenti*. È indiscutibile che Dio compia dei miracoli a volte ma, di solito, se non sempre, sono più discreti. Dio si può trovare nel sussurro di una brezza leggera (1 Re 19,12). Non sembra essere un grande showman.

Almeno non da questo lato dell'eternità.

21

Un manuale introduttivo alla vita spirituale, Parte 5

La sofferenza è un argomento problematico da affrontare. Non importa cosa si dica, è difficile farla sembrare invitante o persino tollerabile, sempre che sia possibile. È anche complesso convincere la maggior parte della gente che la santità personale sia un bene immenso che dovrebbe essere perseguito, perché generalmente le persone sono pigre in fatto di questioni spirituali e intuiscono che la santità richiede sacrificio e sofferenza.

La strada verso la santità include sempre:

1. Sacrificio — ciò a cui rinunciamo volontariamente

2. Sofferenza — arriva anche se non stiamo perseguendo la santità

3. Perdita — ciò che ci viene tolto sia come parte naturale della vita o da Dio per il nostro bene superiore

Principio spirituale n.15: Si deve rinunciare a qualcosa per ottenere qualcosa.

Se dobbiamo accettare la sofferenza per un nostro profitto spirituale, allora è utile conoscere qualcosa della sua natura. San Paolo parla di due forme di sofferenza: una che porta alla rettitudine e l'altra che porta alla morte. Quest'ultima è quella che vediamo nei malfattori che si rifiutano di pentirsi e dunque si precludono di ricevere la grazia di Dio. Questo tipo di sofferenza può portare, nei casi peggiori, alla disintegrazione della personalità e a gravi malattie mentali. (Ciò non vuol dire che tutti gli infermi mentali, anche i più gravi, siano peccatori). Per chi non manifesta segni di disintegrazione o malattia mentale, San Giovanni Maria Vianney ci ricorda che anche le persone terrene hanno le loro croci da portare, e ogni croce comporta una qualche forma di sofferenza. Ci sono "croci" che non portano al paradiso, ma che comunque costano sofferenze. È questo che intende San Paolo quando parla della sofferenza che porta alla morte. Non c'è redenzione né ricompensa dopo di essa.

Eppure, questo tipo di croci potrebbe comunque portare beneficio; non va dimenticato che Dio consente le sofferenze terrene in vista di un qualche bene spirituale. Ricordiamoci che l'obiettivo di Dio è sempre la salvezza dell'anima, non la sua morte. Egli consente la sofferenza perché essa può fungere per noi da avvisaglia e indicarci che stiamo facendo qualcosa di sbagliato nella vita: alcune persone imparano solo attraverso la sofferenza perché semplicemente non badano a consigli o ammonizioni. Ci sono tossicodipendenti, per esempio, che vanno in riabilitazione ma che non sono pronti a ricevere aiuto perché ancora non hanno toccato il fondo. È solo dopo averlo fatto che alcuni arrivano a convertirsi e pentirsi, e dunque sono pronti per quel primo tipo di sofferenza che porta alla rettitudine, alla guarigione e alla sanità.

Principio spirituale n.16: Insita in ogni croce c'è almeno una grazia.

La sofferenza che porta alla rettitudine è una partecipazione alla Croce di Cristo ed è fruttuosa per l'anima poiché apporta notevoli benefici nella vita spirituale:

1. Purifica, ripulisce e cura l'anima

2. Separa l'anima dall'attaccamento malsano agli oggetti creati, che hanno il potenziale di persuaderci a sceglierli a discapito della volontà di Dio

3. Addomestica l'anima, rendendola docile e ricettiva alla grazia divina.

Questi tre benefici hanno un'importanza immensa ed è impossibile sopravvalutarne il valore. Malgrado la sofferenza sia difficile e sgradita, Dio la accompagna a una grossa ricompensa, e non potrebbe essere altrimenti. Perché mai dovrebbe elargire i suoi doni migliori per cose semplici? È così che funziona la normale vita umana. In essa, le cose migliori richiedono una qualche forma di sforzo, sacrificio e sofferenza. Lo stesso vale per la vita spirituale. Nella vita, le cose migliori non sono facili né gratuite, così come le cose migliori nella vita spirituale richiedono sforzo e sacrificio. Nostro Signore ha rivelato a Santa Faustina che Egli non elargisce ricompense per successo e buoni sentimenti, ma per fatica, difficoltà, pazienza e buona volontà. Proprio come il peccato porta con sé una pena intrinseca che non è inflitta direttamente da Dio, allo stesso modo la sofferenza si porta dietro le proprie ricompense, malgrado solo Dio abbia il potere di renderle efficaci nella vita spirituale. "Senza di me non potete far nulla" (Giovanni 15,5).

Nella tradizione cristiana, troviamo esempi di santi e persone sante che celebrano i benefici della sofferenza e insegnano che le persone la bramerebbero, se solo ne conoscessero il vero valore. Per esempio, Santa Rosa da Lima scrive:

> Tutti sappiano che la grazia segue alla tribolazione. Che sappiano che senza il fardello delle afflizioni è impossibile giungere al culmine della grazia. Che sappiano che i doni della grazia accrescono di pari passo con i dolori e le difficoltà. [...] Senza la croce non troveranno altra strada per il paradiso. [...] Non si riceve la gloria senza patire afflizioni. È necessario aggiungere dolore su dolore per conseguire la profonda partecipazione alla natura divina (santità). [...] Nessuno si lamenterebbe della sua croce o dei dolori che gli toccano in sorte, se sapesse su quali bilance essi vengono pesati prima di essere distribuiti tra gli uomini.[3]

Anche Francesco di Sales celebra il valore della sofferenza quando dice che dovremmo vivere una vita morta e morire di una morte vivente. Non sembra una prospettiva allettante questa, ma dobbiamo ricordare che egli insegna alla luce delle epistole del

---

[3] Adattato da Ufficio delle Letture, 23 agosto, *Liturgia delle Ore*. Memorie di Santa Rosa da Lima.

Nuovo Testamento, in cui si afferma che dobbiamo conformarci al Cristo crocifisso che "imparò l'obbedienza da ciò che patì" (Ebrei 5,8).

Per quanto la sofferenza sia fruttuosa nella vita spirituale, i maestri spirituali cristiani ci invitano a non chiederla mai, neanche per raggiungere la santità o la purificazione. Ci esortano invece a lasciare che sia Dio a scegliere quando inviarci difficoltà e tribolazioni. Egli invierà sempre il pezzo giusto al momento giusto, se abbiamo fede. È nostro compito restare vigili e fare del nostro meglio per rispettare la Sua volontà.

> **Principio spirituale n.17**: Di qualsiasi cosa necessitiamo,
> Dio ce la invierà.

Nella letteratura cristiana, troviamo un modo salutare e pragmatico di considerare la sofferenza, un modo incoraggiante e confortante. Sant'Agostino, tra tanti, ci ricorda che soffrire è inevitabile, dunque tanto vale sopportare le avversità in unione con Dio e per il nostro beneficio spirituale:

> Il nostro pellegrinaggio sulla Terra non può essere esente da prove. Il nostro progresso si compie attraverso di esse. Nessuno conosce sé stesso se non tramite le avversità, nessuno è incoronato senza aver vinto, né si batte se non contro un nemico o una tentazione.[4]

---

[4] Adattato da Ufficio delle Letture, *Liturgia delle ore*. Commento ai Salmi di Sant'Agostino.

Come disegnare la mappa di una battaglia spirituale

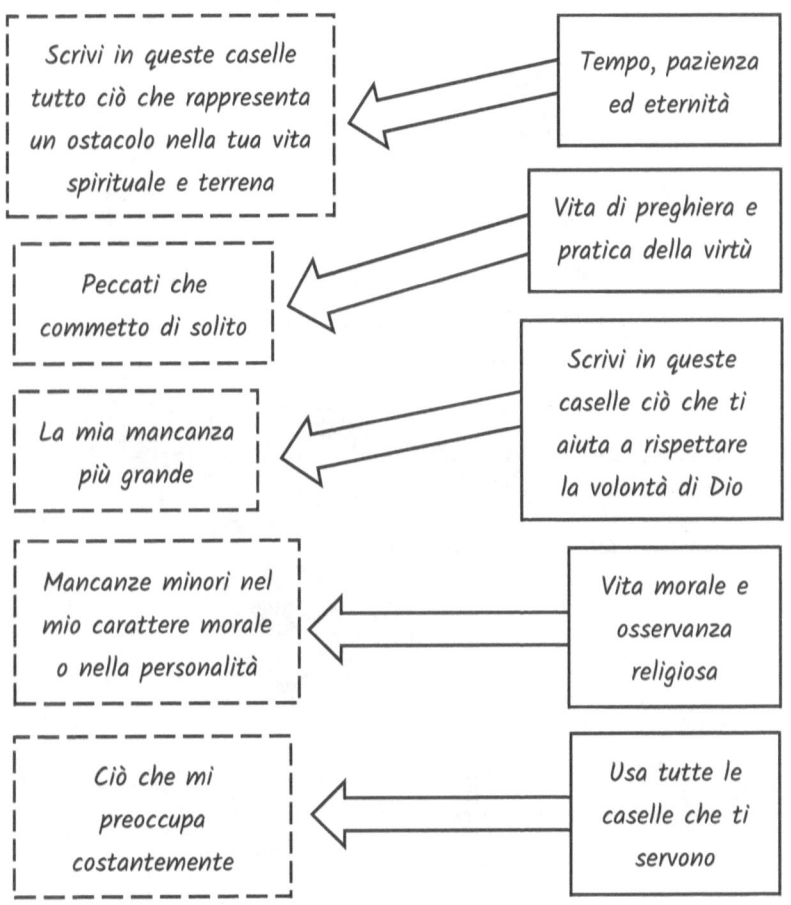

Scrivi in queste caselle tutto ciò che rappresenta un ostacolo nella tua vita spirituale e terrena

Tempo, pazienza ed eternità

Peccati che commetto di solito

Vita di preghiera e pratica della virtù

La mia mancanza più grande

Scrivi in queste caselle ciò che ti aiuta a rispettare la volontà di Dio

Mancanze minori nel mio carattere morale o nella personalità

Vita morale e osservanza religiosa

Ciò che mi preoccupa costantemente

Usa tutte le caselle che ti servono

Mappa Battaglia Spirituale 20?? (Anno)

22

C'è ancora tanto tempo

Nelle infernali regioni dove, dannati, dimorano
gli spiriti eterni che per sempre si ribellano
a quanto di Buono esiste.

Sul suo orinale egli siede,
il primo che contro i Tre dissente,
sul suo trono sulfureo,
solo,
come lui stesso pretende.

Una volta chiamò a sé
chi di piedi era carente
e fuggirgli non poteva
per sondarne il parere
e saper com'aumentare il raccolto infernale.

"Parlate, parassiti!" tuonò,
 "Come possiamo ingannarli!
   Mettete all'opera le vostre menti
 per portarli numerosi
    su quest'igneo vascello degli abissi ardenti!"

Il primo si avvicinò tremante,
 soggiogato,
   e parlò a colui che di furia esplosiva è fatto
     e la carne dei tori divora.
 «Di' loro, signore:
   "Il diavolo non esiste"».

«Stolto!» fu il respiro ardente che eruttò
 dalla bocca di colui ch'urla soltanto
   «Così è stato fatto
     e molti son morti con questa bugia
       e noi li abbiamo cotti!»
 «Idiota! Via!
   che l'ardore della mia maestà rovente
     sia di stimolo alla tua mente!»

Un altro, meno coraggioso del primo,
 si avvicinò all'*ignis fatuus*
   assetato oltre ogni modo
 e parlò a colui che niente ascolta
   e a cui nessuno è caro
     né si accosta.

«Principe dei ladri e della tribù signore,
ecco la spada
d'orgoglio li farà gonfiare
recidili dal loro Creatore
di' loro che non esiste inferno».

«Ignorante!» disse egli
che all'Albero aveva inchiodato
Colui che è Amore
«Così è stato già fatto
Così i pochi prescelti
abbiamo già incastrato!»
«Via bestia, in una gabbia
di tormento e rabbia,
e nell'agonia ribolli!»

E infine un terzo
di buon senso carente
accostò colui che non si piega o arrende
a spada alcuna o scudo
di fede o speranze.

«Re del peccato, tentali
e in questo bidone eterno
nell'odio gettali
Ora di' loro quest'ultimo verso:
"C'è ancora tanto tempo"».

23

Noi–Loro

Gli esseri umani sembrano essere alla ricerca costante di uno scenario Noi–Loro. Sembriamo ricavare il nostro senso di identità individuale e comune definendo noi stessi in contrasto con altre persone o con gruppi che declassiamo a inferiori sotto questo o quell'aspetto. Ci sentiamo meglio riguardo a chi siamo quando non siamo come quelli da cui ci distinguiamo, che ostracizziamo, denigriamo e a volte demonizziamo. Abbiamo la sensazione che il nostro posto nel mondo sia più sicuro se siamo parte di qualcosa di più grande di noi e, qualsiasi cosa siamo, non siamo Loro. Ciò che consegue a questa visione del mondo è il rifiuto.

È come se avessimo bisogno di sentirci superiori a qualcuno o qualcosa, come se l'umiltà non fosse parte dei nostri calcoli per natura. Nel corso della storia, ci siamo raggruppati in tribù, villaggi, paesi, città-stato, regni, imperi e nazioni. Se non combattiamo una battaglia contro di Loro, allora siamo in una squadra o sostenitori di una squadra o membri di un partito politico, e ci definiamo in parte attraverso il non essere l'altra squadra o partito. Formiamo comitive, club, comunità, gruppi e cerchie, tutto nel tentativo di provare un senso di appartenenza, di soddisfare il fondamentale bisogno umano di sicurezza e di definirci attraverso ciò che non siamo: Loro. Ci sono forza e identità nei numeri.

Alla base di tutto questo troviamo il principio fondante della storia nella sua interezza: il conflitto tra il bene e il male. Ma alla radice c'è anche la natura binaria dei nostri movimenti spontanei interiori verso il bene e il male, nonché le azioni volontarie che ne conseguono. Il problema sorge nel momento in cui la nostra concezione di bene e male è errata, o quando sbagliamo nella scelta del vero bene malgrado sappiamo quale sia.

Il paradigma orizzontale Noi–Loro di una società laica corrisponde a quello verticale Io–Tu della religione, in cui guardiamo a Dio come al Tu supremo. Nello scenario Noi–Loro, consideriamo gli altri umani come *altro* o a volte *assolutamente altro*. Questo paradigma è spesso accompagnato da un senso di esclusione e rifiuto; proprio come è un senso di riverenza e stupore ad accompagnare il paradigma Io–Tu. Dio è visto come l'indecifrabile Essere Supremo, il Supremo Altro e l'Alterità Suprema.

Il paradigma Noi–Loro si applica tanto alla società laica quanto alla religione. Nella cristianità, esso si è storicamente tradotto nel paradigma Chiesa–Mondo, in cui chiunque non sia membro della Chiesa è per definizione membro del mondo. Tale paradigma si può declinare anche come Sacro–Secolare o Santo–Profano. C'è un'*alterità* nel mondo, come se fosse solo la religione a unirci. Esso è strano, alieno e pieno di nemici effettivi e potenziali. Questa *alterità* affonda le sue radici e si consolida negli scritti del Nuovo Testamento e in quelli dei primi evangelisti e teologi cristiani, anche se per loro aveva un significato e una relazione con la realtà che noi, nel ventunesimo secolo, non ritroviamo. A esemplificarlo, c'è questo passaggio di un sermone di San Cipriano, un vescovo di Cartagine vissuto nel terzo secolo e riconosciuto come uno dei Padri della Chiesa:

> Il mondo odia i Cristiani, allora perché amarlo invece di seguire Cristo, che ti ama e ti ha redento? In una sua lettera, Giovanni ci esorta con vigore a non amare il mondo cedendo ai desideri della carne. Non date mai il vostro amore al mondo, ci avverte, né alle cose del mondo. *Non si può amare il Padre e il mondo allo stesso tempo. Il mondo offre solo la lussuria della carne, la concupiscenza degli occhi e l'ambizione terrena. Il mondo e le sue attrattive passeranno, ma coloro che hanno fatto la volontà di Dio vivranno in eterno.*[5]

Nel mondo moderno, questo punto di vista si sottrae alla ragione se consideriamo che la Chiesa è sempre stata nel mondo e che il mondo è sempre stato nella Chiesa. Inoltre, il mondo non è sempre stato malvagio, e in esso c'è del buono, così come la Chiesa non è sempre stata buona, e c'è del male in essa. Le due parti non possono essere separate, e sembra sia così che Dio vuole. Cristo è stato mandato nel mondo non per condannarlo ma per salvarlo (Giovanni 3,17).

---

[5] Adattato da Ufficio delle Letture, *Liturgia delle Ore*, dal trattato *Sulla Morte* di San Cipriano.

È inevitabile che gli esseri umani creino dei paradigmi Noi–Loro e Io–Tu. Raccomandarne l'eliminazione sarebbe uno sforzo vano, perché essi sono radicati nella natura umana o forse perché nascono dal fatto che viviamo in un mondo caduto o dal conflitto antico e fondamentale tra bene e male. Abbiamo bisogno di un meccanismo di distinzione psicologico e spirituale anche se esso, da solo, non può arrivare al vero bene. Per raggiungerlo, sono necessari l'intelletto e la ragione.

Vorrei qui suggerire un modo più vantaggioso di applicare il meccanismo distintivo dei paradigmi Noi–Loro. Dovremmo resistere alla tentazione di lasciare che il credo, l'etnia, il colore, la classe, la professione, la cultura o qualsiasi altra caratteristica faccia da base per i paradigmi Noi–Loro che inevitabilmente creeremo. Gravitiamo naturalmente verso chi ci assomiglia, ma credo che quando si incontrano persone di buona volontà, qualsiasi altro tratto distintivo si affievolisca a favore della concordia. Il contrario è vero, o lo sarà, per le persone di cattiva volontà, anche se legate da legami intimi e caratteristiche sociali comuni. Il nostro paradigma Noi–Loro definitivo, in quanto cristiani, dovrebbe essere tra persone di buona volontà (Noi) e persone di cattiva volontà (Loro).

Quando si parla di Dio, il tratto distintivo più importante all'interno della società è la Buona Volontà–Cattiva Volontà. Troviamo Dio ovunque ci siano persone di buona volontà e ne riscontriamo l'assenza in quelle di cattiva volontà. Il male più grande di tutti è l'assenza di Dio, e la condizione in cui la Sua assenza è vissuta nella sua completezza è l'inferno.

In quanto cristiani, siamo chiamati a essere il lievito della buona volontà a casa e nella società, e ad alimentare la cultura cristiana in modo che sia più facile trovare Cristo nel mondo. La buona volontà e la cultura cristiana si trovano in ogni epoca, anche tra persone che non professano di essere cristiane. Il motivo è che Cristo è costantemente all'opera per salvare le anime, non solo durante la sua vita terrena, ma anche attraverso il suo Spirito Santo e attraverso chi, in ogni tempo e luogo, sente la sua parola nel cuore (Romani 2,12-16).

Se trasformiamo il paradigma base Noi–Loro in Persone di Buona Volontà–Persone di Cattiva Volontà, potremmo anche pensare di cambiare il paradigma Chiesa–Mondo con quello Cultura cristiana–Cultura non cristiana. Troveremo, infatti, che questi si applicano tanto alle nostre interazioni sociali nel mondo quanto a quelle all'interno della Chiesa e che nel mondo si può trovare una cultura cristiana proprio come nella Chiesa si può trovare una cultura non cristiana.

~

Il messaggio centrale di questo libro e di tutti quelli che compongono questa serie è: se vi sentite ispirati a vivere la vostra vita più pienamente per Dio e a percorrere il sentiero della santità, sappiate che non dovete essere santi-eroi come Giovanna d'Arco, messa al rogo dopo essere stata consegnata ai nemici dai suoi stessi compatrioti. Né dovete essere Tommaso Moro, decapitato per la sua fede dal re che aveva servito. Né dovete essere Gesù di Nazareth, crocifisso dai capi religiosi del suo tempo dopo essere stato consegnato a un invasore straniero. E non dovete essere neppure Massimiliano Kolbe, che sacrificò la sua vita affinché un altro uomo potesse preservare la sua. Non dovete essere missionari, né ministri di alcun tipo, e non è neppure detto che dobbiate lasciare casa vostra o la vita che state conducendo.

Però dovete mostrare buona volontà. E dovete obbedire alla Regola d'Oro e vivere secondo i due comandamenti dell'amore.

Il tratto distintivo dei santi è la pratica della buona volontà. È una caratteristica che li accomuna tutti, a prescindere dalle circostanze personali e storiche. Essi praticavano la buona volontà soprattutto quando si trovavano di fronte a quella cattiva. E più buona volontà mostravano, più cattiva volontà dovevano affrontare e più eroica doveva dimostrarsi la loro carità. La carità eroica, il requisito essenziale per chi aspira alla santità, è la pratica della buona volontà, in misura eroica, dinanzi a quella cattiva. Più grande è la carità eroica, più grande il santo.

La buona volontà è la penna con cui è scritta la storia di ogni santo, e la penna che Dio usa per scrivere la Sua volontà nelle nostre vite è quella della grazia.

Credete nei miracoli?

Credete nella buona volontà?

Volete percorrere il sentiero della santità?

Volete diventare dei santi?

Allora quando le nubi di tempesta sono minacciose
E si addensano su di voi
E i cieli sono sul punto di scoppiare
E la tempesta promette una catastrofe imminente
Sappiate che per voi il sole splende
Non chiedetGli di far passare il brutto tempo
ChiedeteGli di aiutarvi ad affrontarlo
Perché ogni tempesta può essere un dono
E voi dovete avere fiducia
E praticare la fede dell'Himalaya
Una fede alta e larga come una montagna
Ma anche se la vostra fede
È grande solo quanto un seme di senape
Sappiate che è abbastanza
Perché non è alla grandezza del dono
Che Egli bada
E la vedova non aveva che un soldo
Chiedete con fede e sarete ascoltati
E le vostre preghiere saranno accolte
E la vostra fede vi salverà
E tutto andrà bene

E quando guarderete indietro nel vostro ultimo giorno
Nell'ora in cui andrete a vederLo
Vi ricorderete delle tempeste
E vi ricorderete il Suo Amore
E saprete che siete sempre stati
Nella Mano di Dio

24

Un manuale introduttivo alla vita spirituale, Parte 6

Se parliamo di giudizio finale, non c'è niente di più importante nella vita delle relazioni, specialmente della nostra relazione con Dio. Lo studio delle relazioni umane, così come quello dell'amore, è sia una scienza che un'arte. In questa sezione, parlerò della differenza tra rimorso e perdono da una parte, e di quella tra pentimento e riconciliazione dall'altra.

Il Vangelo dice che dobbiamo perdonare settanta volte sette (Matteo 18,21-22). Nostro Signore è stato chiaro nell'affermare che il perdono è obbligatorio (Matteo 6,15), ma ha detto anche di rifuggire i peccatori che non provano pentimento (Matteo 18,15-17). Come possiamo riconciliare questi due precetti apparentemente contraddittori?

Malgrado siamo tenuti al perdono ogni volta che una persona esprime rimorso, non ci è richiesto di riconciliarci con essa se questa non si dimostra pentita. Il rimorso è diverso dal pentimento. Il primo è un *sentimento* di dolore o contrizione. Il secondo implica uno *sforzo attivo* nello smettere di fare del male.

Ci sono persone che esprimono contrizione ma poi continuano a errare. Non siamo tenuti a riconciliarci con queste ultime e siamo perfettamente giustificati nello stabilire dei limiti fisici, psicologici e sociali, ammesso che abbiamo provato in modo ragionevole a correggere il malfattore e portarlo a pentirsi.

Non c'è niente di non cristiano o ingeneroso nel mettere dei limiti. Nella vita spirituale, il progresso dipende dalla capacità di imparare a praticare un giusto amore per sé stessi e, a volte, un giusto amore per sé stessi richiede l'imposizione di limiti. Anche se un malfattore ha commesso un solo peccato grave contro di noi senza poi mostrare segni di pentimento, ci è concesso porre dei limiti per assicurarci che non succeda più. Proprio come esistono ferite che il tempo non guarisce e ferite che la grazia di Dio non sanerà del tutto in questa vita, esistono anche relazioni danneggiate in modo permanente che non possono essere riparate dal solo sforzo umano. Alcune differenze sono impossibili da conciliare e solo l'intervento di Dio e della grazia possono portare a una riconciliazione autentica.

Più che un evento che avviene in un dato istante, la riconciliazione è un processo e un progetto, come lo sono molte cose nella vita. A volte, la strada migliore è lasciare l'altra persona a Dio e all'opera del tempo e della grazia, sperando che, a tempo debito, il grano della conversione e del pentimento venga separato dalla pula dell'accidia e dell'autocompiacimento.

La riconciliazione può non essere possibile se:

- Non ci sono tentativi di mitigare o riparare
- Non c'è rimorso o dolore
- Non c'è pentimento o conversione
- C'è antipatia / avversione reciproca
- C'è antagonismo
- C'è diffidenza reciproca
- C'è repulsione reciproca

Nelle relazioni difficili, quando tutto il resto fallisce, possiamo sempre praticare in tutta coscienza il silenzio e la dissociazione. Se la virtù non è altro che un amore ben orientato, come scrisse Santa Faustina, allora a volte la migliore forma d'amore è il silenzio, proprio come quello che praticò Gesù al suo processo davanti ai membri del Sinedrio. Secondo Sant'Agostino, l'amore è volere il bene di un altro. Tuttavia, volere il bene di persone dall'implacabile cattiva volontà non vuol dire che dobbiamo parlare con loro o socializzarci. L'amore, secondo 1 Corinzi 13, è paziente e benevolo, non è invidioso e non si vanta, non si gonfia d'orgoglio e non manca di rispetto (vv. 4-5), e secondo Luca 10, l'amore è il Buon Samaritano (vv. 29-37). Se un peccatore è in grave difficoltà, dovremmo prestargli aiuto, ma non siamo tenuti a offrirgli delle ricompense sociali. L'amore del Nuovo Testamento non esige riconciliazione quando si ha a che fare con persone che non provano pentimento.

È inoltre importante sapere che una persona allegra non è necessariamente una persona di buona volontà. L'amore del

Nuovo Testamento è molto più che affetto, molto più di un semplice sentimento o emozione. Noi ci riveliamo attraverso le nostre azioni. Persino i peccatori, quando vogliono, possono mostrare affetto per manipolare o ingannare. Il vero amore è messo alla prova nelle avversità, ed è nelle avversità che riveliamo il nostro vero carattere. Le persone che mostrano un amore affettivo ma sono incapaci di un amore effettivo, cioè quello del Nuovo Testamento, dovrebbero essere tenute a una certa distanza, e ci è concesso imporre dei limiti e rifiutare la riconciliazione se queste continuano a errare. Un appropriato amore per sé stessi implica saper riconoscere gli "amici-nemici" e "i caval donati".

Per quanto riguarda i nemici, la vendetta cristiana è il perdono, è il successo nella vita morale e spirituale e, secondo George Herbert, la miglior vendetta è una vita ben vissuta... ma ciò non vuol dire che dobbiamo riconciliarci con i nostri nemici se questi si rifiutano di pentirsi. Se non c'è altro bene che possiamo fare, possiamo sopportarli con pazienza e lasciare che il male si stanchi da solo.

Anche questo momento passerà.

A volte, la Regola d'Oro è sopportare pazientemente i peccatori con silenzio e dissociazione:

- Fa' agli altri ciò che vorresti facessero a te
- Non fare agli altri ciò che tu stesso non gradisci
- Tratta gli altri come vorresti essere trattato
- Quando tutto il resto fallisce, lascia quella persona a Dio (soluzione finale)

25

Il Dio delle seconde opportunità

Se avete fatto qualcosa di sbagliato, o se anche avete sbagliato per una vita intera, e volete una seconda opportunità con qualcuno o con un gruppo di persone, allora sappiate che ne avrete sempre una e che nessuno, nel tempo o nell'eternità, può togliervela. Dio ci dà sempre il momento presente, e noi possiamo in ogni momento seguire la Regola d'Oro e rispettare i due comandamenti sull'amore per Dio e per il prossimo. Comportarci bene è sempre in nostro potere, così come lo è fare del nostro meglio in accordo con le nostre capacità. Possiamo sempre dire il vero con amore e in modo giudizioso, essere ragionevoli, cooperare con le buone intenzioni degli altri, mostrare rispetto, praticare la buona volontà, essere umili e non arroganti e, soprattutto, fidarci del Dio delle seconde opportunità.

Potrebbe volerci una vita, ma cos'è questa breve vita in confronto alle ere e alle epoche infinite che ci attendono nell'eternità? Niente in questa vita è definitivo, compiuto, assoluto o conclusivo finché Dio non vuole che lo sia.

La scala delle relazioni

La priorità assoluta nella vita sono le relazioni

	Amicizia con Dio	
Comportamento cristiano e adulto		Alti standard di interazione morale e sociale
Compagnie cristiane Santi del Nuovo Testamento	Umiltà	Virtù intellettuale Virtù morale Virtù sociale
Conoscenze collegiali e frequentazioni	Carità	Supporto e aiuto reciprochi
Buoni rapporti Rapporto fraterno Stima e rispetto	Virtù	Legami di affetto, fiducia e rispetto
Colpe morali e intellettuali	Narcisismo	Normale, perbene, intelligente e meritevole
Violazione e trasgressione	Vizio	Buoni rapporti Comportamento egoista e arrogante
Pazienza Sopportazione Silenzio Dissociazione	Malvagità	Il male esposto è male deposto
	Peccato	La Terra della Desolazione
Estraneo, alieno, nemico e straniero	Inferno demoniaco diabolico	Il punto di non ritorno

È impossibile riconciliarsi con l'odio implacabile

26

Un manuale introduttivo alla vita spirituale, Parte 7

Nella sua *Regola*, San Benedetto esorta i monaci ad avere la morte davanti agli occhi ogni giorno (**R** 4). Questa consapevolezza quotidiana della morte non è una macabra fascinazione o un cupo presagio, ma una disciplina spirituale fondata su un giusto amore per sé stessi. Allo stesso modo, l'*Apparecchio alla morte* di Sant'Alfonso Maria de' Liguori non intende promuovere atteggiamenti pessimisti, malgrado sia stato scritto nel diciottesimo secolo e dunque i lettori contemporanei potrebbero avere qualche difficoltà col suo modo di esprimersi.

Nell'ambito della spiritualità, l'escatologia (dal greco *eschaton*, finale o ultimo) è un'area tematica dal duplice significato e può indicare:

1. La fine dei tempi, o la venuta ultima di Cristo

2. Le quattro cose finali: morte, giudizio, paradiso e inferno

L'eschaton è una realtà che a molte persone piacerebbe dimenticare o ignorare, ma un giusto amore per sé stessi richiede un certo sforzo nel prepararsi per il giorno più importante delle nostre vite — quello in cui passeremo da questo mondo all'eternità.

San Giovanni della Croce ci insegna che, al momento del giudizio, saremo esaminati sull'amore e che, parte di questo esame, sarà volto a determinare quanto ci siamo occupati della nostra vita spirituale. Le priorità della nostra vita saranno state l'amore di Dio, la Sua volontà, la Sua gloria, oppure saranno state l'amore per noi stessi, la nostra volontà e la nostra gloria? Un approccio alla vita del tipo "divertiti ora, paga dopo" potrebbe costare caro, e il conto ci verrà presentato presto. Nel giudizio finale, la verità sulle nostre vite sarà rivelata dinanzi alla Verità stessa. Non ci saranno dispute o dibattiti, e forse nemmeno una discussione. Ci vedremo per ciò che siamo davvero, non come vogliamo vederci ma nel modo in cui ci vede Dio, e le conseguenze saranno profonde. Un solo giorno di sofferenza nella prossima vita ci farà dimenticare tutto il divertimento vissuto sulla terra. La maggior parte delle persone passano la loro vita adulta a prepararsi per la pensione ma non si curano di tenere la morte davanti agli occhi ogni giorno. Un giusto amore per sé stessi ci obbliga a prepararci per la morte.

Le Sacre Scritture ci insegnano che il cuore umano è un mistero, e i maestri spirituali ci dicono che non sempre sappiamo cosa giace nel suo profondo. Non dobbiamo dare per assunto che, al giudizio finale, il nostro intelletto razionale opererà come durante la vita mortale. La psicologia ha scoperto che esiste un osservatore nascosto in ognuno di noi che scruta tutto ciò che facciamo e che ricorda tutto. La vita spirituale ci insegna che abbiamo una coscienza, ma non sappiamo come essa e l'anima funzioneranno nel momento in cui saremo separati dal corpo e ci presenteremo al nostro giudizio.

Nella vita spirituale, ci riferiamo alla coscienza come al fulcro più profondo del nostro essere, il luogo in cui siamo in contatto con Dio. Forse la coscienza e l'osservatore nascosto sono la stessa facoltà, ma è certo che nella persona umana esiste un luogo in cui i ricordi vengono conservati e valutati moralmente molto dopo che la nostra mente cosciente li ha dimenticati. Nessun ricordo è davvero rimosso o scordato e non ci allontaniamo mai davvero dai nostri misfatti, malgrado la dimenticanza umana e i meccanismi di difesa che utilizziamo per affrontarli: repressione, proiezione, negazione, evasione, ecc. I misfatti possono distorcere i nostri giudizi e desideri e, anche se siamo profondamente riflessivi e contemplativi, potremmo comunque ignorare tutte le bugie che abbiamo dentro, compresi i nostri desideri più intimi. Essere impreparati alla morte è pericoloso. Uno dei principi più importanti nella vita spirituale è:

> **Principio spirituale n.18**: Si ha sempre ciò che si vuole quando si ha a che fare con Dio.

Conosciamo davvero i desideri che giacciono nel profondo del nostro cuore? Sappiamo davvero cosa c'è nell'intimo del nostro cuore intricato? Eppure ci sono altri principi spirituali che controbilanciano il mistero della nostra natura interiore:

Principio spirituale n.19: Dio ricompensa per l'impegno, non per il successo.

Principio spirituale n.20: Niente è impossibile per Dio.

Tenere la morte davanti agli occhi ogni giorno, riconoscere la natura misteriosa del nostro essere interiore e aver errato non devono portarci a perdere la speranza. Dio non ci ha creati per la morte e niente è impossibile per Lui. Egli desidera l'impegno più che il successo. Sta a Lui portare il treno alla stazione, ma siamo noi a dover posare i binari. Il nostro impegno nel discepolato cristiano è simbolico del desiderio di conformarci al piano che Dio ha per le nostre vite ed essere salvati.

Uno dei Padri del deserto della tradizione monastica insegna che tutto ciò che facciamo nella vita è simbolico del valore che diamo alla nostra relazione con Dio e di quanto desideriamo essere salvati.

Principio spirituale n.21: Tutto in questa vita è un simbolo.

Come framework per la meditazione personale, e come modo di tenere la morte davanti agli occhi ogni giorno in preparazione del giudizio, offro di seguito nove Preoccupazioni Sacre su cui riflettere. Esse avranno sicuramente importanza al momento della morte:

Le nove Preoccupazioni Sacre della persona umana

Persona	Chi si è davvero davanti a Dio; carattere morale, personalità e capacità
Nome	La reputazione di una persona basata sulle sue azioni interiori ed esteriori durante la vita
Vita	Tutto ciò che è visto della vita di una persona da Dio e dall'anima al momento del giudizio
Missione	Un incarico o compito speciale concesso ad alcuni ma non a tutti
Vocazione	La chiamata universale alla santità; la predisposizione individuale e specifica di una persona nella vita
Relazione	Il modo in cui ci si è relazionati e si sono serviti gli altri in questa vita
Devozione	Il modo in cui ci si è relazionati e si è servito Dio in questa vita
Formazione	Il modo in cui una persona è stata plasmata e modellata nel corso della vita
Integrità	Sacralità, santità, grado di purificazione, perfezione morale e spirituale, ecc.

Queste nove Preoccupazioni Sacre fungono da criterio per riflettere su quanta gloria e onore ci aspettiamo di ricevere per tutta l'eternità. Più cooperiamo col piano di Dio e mostriamo buona volontà, maggiore sarà la nostra reputazione nell'eternità, la gloria che ci meriteremo e l'onore che ci sarà mostrato. Secondo gli insegnamenti dei santi e dei maestri spirituali cristiani, non c'è nulla di egoista riguardo a simili considerazioni.

Eppure, se la nostra gloria eterna è importante, allora la gloria di Dio lo è infinitamente di più. Tutto il creato esiste prima di tutto e soprattutto per manifestare la Sua gloria.

> **Principio spirituale n.22**: La gloria di Dio è il principio centrale e unificante di tutto il creato.

La gloria di Dio si riferisce a come Egli sarà conosciuto per l'eternità. Ciò potrebbe sembrare egocentrico da parte Sua — e quindi Dio-centrico — ma secondo Sant'Ireneo, la gloria di Dio è che gli esseri umani dovrebbero avere la vita nella sua pienezza. In questo contesto, *vivere* la vita o *averla* vuol dire non solo avere una vita terrena, ma partecipare in eterno alla natura e alla vita divine di Dio (santità) e alla sua beatitudine (gloria). Dunque, la gloria di Dio è in realtà il nostro bene terreno ed eterno ed Egli è glorificato quando noi ci innalziamo alla perfezione spirituale.

Chiuderò questa parte di guida introduttiva con due citazioni di Giuliana di Norwich che parlano dell'incommensurabile misericordia di Dio:

> **Principio spirituale n.23**: Nell'eternità, il peccato è niente.

> **Principio spirituale n.24**: Tutto andrà bene, ogni sorta di cosa andrà bene.

27

Tesori e perle

Nel Vangelo di Matteo leggiamo due dei versi più rassicuranti di tutte le Sacre Scritture:

> Il regno dei cieli è simile a un tesoro nascosto nel campo; un uomo lo trova e lo nasconde; poi va, pieno di gioia, vende tutti i suoi averi e compra quel campo. Il regno dei cieli è simile anche a un mercante che va in cerca di perle preziose; trovata una perla di grande valore, va, vende tutti i suoi averi e la compra. (Matteo 13,44-46)

In questo passaggio, la perla non è nascosta come il tesoro ma trovata dal mercante che cerca perle pregiate. Nell'antico mondo mediterraneo dei tempi di Gesù, le perle erano considerate alla stregua dei diamanti e dell'oro odierni. Il loro valore non era solo monetario, ma constava anche della loro bellezza e preziosità. Per le antiche genti mediterranee, una perla era ciò che oggi "vale oro": aveva un valore inestimabile.

Al contrario della perla, il tesoro è nascosto di proposito, sotterrato come molti altri nel mondo antico per proteggerlo dai ladri e dagli eserciti di passaggio. A differenza del mercante in cerca di perle, l'aratore trova il tesoro per caso. Entrambe sono metafore per i modi in cui le persone trovano Dio. L'aratore simboleggia coloro che non cercano di proposito il Regno dei Cieli e vivono come se la morte, il giudizio, l'inferno e il paradiso non esistessero. Eppure, Dio ha un piano anche per loro e può inviare grazie che, sul momento, potrebbero o meno sembrare dei tesori, ma che in seguito vengono riconosciute come doni del cielo. Alla fine della nostra vita, il duro lavoro, la perdita, la fatica e persino gli eventi catastrofici potrebbero risultare più preziosi per il nostro bene eterno rispetto alla ricchezza, alle vittorie e al successo. Dio può anche inviare tesori piacevoli come amicizie, un lavoro ideale, una missione o vocazione, o un qualche bene di valore. I tesori sono di tutti i generi e, di qualsiasi cosa necessitiamo, Dio la manda.

Il mercante, invece, trova la perla in seguito a una ricerca proattiva. Egli rappresenta coloro che vivono con un obiettivo ben presente e che sono in cerca del Regno dei Cieli. Ma che siamo mercanti o aratori — e potremmo essere stati entrambi in momenti diversi delle nostre vite —, riconosciamo che Dio ha un piano per ognuno di noi. L'aratore era destinato a trovare il tesoro del Regno dei Cieli — non è successo del tutto per caso, ma per provvidenza. Il mercante non ha trovato la perla solo grazie alle sue azioni, ma con l'aiuto di Dio: era destinato a trovare la perla del Regno dei Cieli. In entrambi i casi, c'è una certa unione di volontà. Una volta trovato, l'aratore vuole avere il tesoro, così come Dio voleva che lui lo trovasse e lo avesse. Il mercante vuole comprare la perla una volta scoperta, così come Dio voleva che lui la comprasse. Ognuno dei due è giunto a modo suo al destino donatogli da Dio.

A volte si dice che "l'amore è solo un interesse personale illuminato". Per l'aratore, non c'è interesse personale maggiore di aver trovato il tesoro e, per il mercante, di aver comprato la perla; eppure l'interesse personale più grande di tutti, quaggiù, è cercare Dio e il Regno dei Cieli. San Paolo dice: "Rivolgete il pensiero alle cose di lassù, non a quelle della terra" (Colossesi 3,2). Egli non intende che dobbiamo ignorare le nostre responsabilità terrene o trascurare i doni terreni, ma che dovremmo orientarci verso la perla e il tesoro ultimi. "Perché, dov'è il tuo tesoro, là sarà anche il tuo cuore" (Matteo 6,21).

Il Regno dei Cieli merita ed esige una risposta decisa, non a scapito dei doveri o delle responsabilità terreni, ma riordinandoli verso il nostro scopo e destinazione finale. Ciò richiede spirito di sacrificio e separazione. L'aratore e il mercante hanno dovuto fare rinunce per ottenere il tesoro e la perla, eppure il sacrificio e la separazione non vengono sottolineati nella parabola. A essere enfatizzato è invece il valore dell'oggetto ottenuto e la gioia del possederlo.

> Quelle cose che occhio non vide, né orecchio udì, né mai entrarono in cuore di uomo, Dio le ha preparate per coloro che lo amano. (1 Corinzi 2,9)

Tesori e Perle

Conclusioni

Nelle riflessioni intitolate *Cristianesimo in declino* e *Cinque suggerimenti*, ho parlato del declino nella partecipazione alle chiese cristiane occidentali e dei modi in cui esso si potrebbe rallentare, fermare o invertire.

Nel mondo cattolico, parliamo e aspettiamo con impazienza una nuova evangelizzazione. Questo termine ci accompagna da un po' di tempo. Il Concilio Vaticano II (1962–1965) si concentrò, tra le altre cose, sulla rapida secolarizzazione e de-cristianizzazione del mondo moderno, usando nei suoi documenti il termine *evangelizzazione*. Dieci anni dopo, Papa Paolo VI pubblicò l'esortazione apostolica *Evangelizzazione nel mondo contemporaneo* (1975), in cui chiamava i cattolici a evangelizzare coloro a cui il Vangelo non era mai stato predicato e i cristiani battezzati che non praticavano più la loro fede.

Nel 1978, Giovanni Paolo II fu eletto al papato e fece dell'evangelizzazione il focus del suo pontificato. In un discorso al convegno di un vescovo ad Haiti, egli esortò a una "nuova evangelizzazione, nuova nell'ardore, nei metodi e nell'espressione".

Inoltre, nella *Missione del Redentore* (1990) scrisse: "Sento che è giunto il momento di impegnare tutte le energie della Chiesa in una nuova evangelizzazione". Aggiunse anche un terzo gruppo ai due menzionati in passato da Papa Paolo VI: i battezzati che hanno fervore nella loro fede.

Benedetto XVI aggiunse il tassello finale a questa breve narrazione quando scrisse che la nuova evangelizzazione non sarà nuova nei contenuti e che non ci saranno cambiamenti nella dottrina riconosciuta, ma solo innovazioni e modifiche nella sua presentazione.

Forse la nuova evangelizzazione si attuerà gradualmente nel tempo, ma di sicuro non è ancora piombata sulla scena. A essere sinceri, la Chiesa cattolica ha sottolineato che non c'è una formula unica (Papa Benedetto XVI), perciò la nuova evangelizzazione è qualcosa che andrà elaborato da una moltitudine di individui nel corso del tempo. La versione corrente del Catechismo della Chiesa cattolica è stata resa pubblica negli anni Novanta e, nella mia umile opinione, è verità espressa con bellezza.

Per quanto riguarda le riflessioni intitolate *Cristianesimo in declino* e *Cinque suggerimenti*, va sottolineato che una diminuzione nella partecipazione alla messa non equivale precisamente a un declino del cristianesimo. Ci sono persone che non partecipano alla liturgia o alle funzioni religiose ma che comunque pregano, credono in Dio e vivono la vita in accordo con la fede e i principi morali cristiani. Esse si considerano cristiane e dovrebbero essere contate come tali, perciò forse dovremmo aggiungere un quarto gruppo ai tre menzionati sopra: i cristiani battezzati che non vanno a messa ma che vivono secondo la fede e i principi morali cristiani. Anche queste persone necessitano l'evangelizzazione.

Il problema della sconnessione tra la Chiesa e il mondo in relazione alla storia e alla conoscenza e la dissonanza culturale che ne deriva sono impossibili da sopravvalutare. Trovare il modo di colmare questo divario è la sfida più grande che il Cristianesimo affronterà nel ventunesimo secolo e forse anche oltre. A chiunque faccia parte del clero verrà affidata questa sfida, ed è lecito aspettarsi un qualche tipo di innovazione. *Un eroe è scelto* è appunto questo: chi ha detto che la nuova evangelizzazione debba essere strettamente limitata alle prediche dal pulpito?

Postfazione

Nell'*Introduzione* ho detto che ogni libro è una sorta di viaggio, e quello di questo libro è una metafora per il viaggio che intraprendiamo nella vita. Il viaggio di questo libro è iniziato dalla copertina e termina con l'illustrazione finale nella pagina seguente. "Impronte nel deserto" rappresenta il compimento del viaggio del monaco. Non sappiamo come se l'è cavata e non sappiamo neanche come finirà il viaggio. Abbiamo solo una vita terrena in tutta l'eternità e questo libro è stato scritto per ispirarci a riflettere su come la stiamo trascorrendo. Quando il viaggio di questa vita finirà, sarà finito per sempre.

Chiudo con questo pensiero:

La parola più bella in qualsiasi lingua è *sì*. Quando diciamo sì a Dio, gli diamo un tesoro. Se la vita è il Suo dono più grande, e noi la rimettiamo alla Sua volontà, allora doniamo a Dio il regalo più grande che ci ha fatto.

Spero che riflettiate su queste parole mentre voltate pagina, molti di voi per l'ultima volta.

Impronte nel deserto

L'autore

Frate Emmanuel Labrise, O.S.B., ha conseguito la laurea di I livello presso il Saint Vincent College, una laurea magistrale presso la Bowling Green State University e una presso la Notre Dame Seminary. Monaco contemplativo con oltre vent'anni di esperienza nella vita monastica, è stato per sei anni membro dell'Ordine certosino ed è un monaco dell'Ordine di San Benedetto dal 2009. Tra i suoi altri incarichi, ha insegnato in un istituto seminariale, lavorato in un programma di formazione seminariale e tenuto conferenze in una casa di ritiro spirituale. Al momento conduce una vita eremitica, le cui attività principali sono la preghiera, la lettura, la riflessione e la scrittura.

Note e riflessioni personali:

Note e riflessioni personali:

Note e riflessioni personali: